Gisela Walter

# LUFT

Die Eleme … rtenalltag

Gisela Walter

# LUFT

## Die Elemente im Kindergartenalltag

HERDER

FREIBURG · BASEL · WIEN

„Die Elemente im Kindergartenalltag“
von Gisela Walter in 4 Bänden

## WASSER
(Bestell-Nr. 26723)

## LUFT
(Bestell-Nr. 26722)

## ERDE
(Bestell-Nr. 26721)

## FEUER
(Bestell-Nr. 26724)

Gedruckt auf umweltfreundlichem,
chlorfrei gebleichtem Papier

11. Auflage

Umschlaggestaltung: Joseph Pölzelbauer, Freiburg
Umschlagfoto: Hermann Bausch
Textgrafik: Hans-Dieter Sumpf
Notengrafik: Herbert Ring


www.herder.de
Herstellung: fgb · freiburger graphische betriebe 2002
www.fgb.de
ISBN 3-451-26722-5

# Erlebniswelt Luft

Ohne Luft können wir nicht leben, wir brauchen sie zum Atmen, das weiß jedes Kind! Doch, wo ist denn diese Luft überhaupt?
Die Luft ist unsichtbar! Die Kinder können sie nicht sehen, nicht anfassen und nicht mit ihr spielen!
Dann aber entdecken die Kinder die Luft: Sie ist angenehm warm oder eisig kalt, sie streicht als Wind durch die Bäume, bewegt Blätter und Zweige, oder sie pfeift als Sturm um das Haus, rüttelt an Fensterläden und jagt Wolken über den Himmel.
Besonders interessant ist es für Kinder, dieses Element auf eigene Weise kennenzulernen. Sie beobachten, prüfen, vergleichen, messen – und erfahren eine Luft, die sie tatsächlich sehen, hören, riechen und fühlen können! Und wenn die Kinder mit der Luft spielen, ist sie ein ungewöhnlicher und sehr lustiger Geselle.
Ja, die Luft gibt es wirklich, und sie ist überall! So erleben die Kinder die Luft als Teil ihrer Umwelt. Sie erkennen, wie wichtig saubere Luft ist und was sie selbst tun können, damit die Luft sauber bleibt. Denn, auch wenn die Luft auf den ersten Blick unsichtbar ist – wir brauchen sie zum Leben!

*Gisela Walter*

# Inhalt


**1. Kapitel**
**Erlebniswelt Luft** . . . . . . . . . 10

*Luft ist unsichtbar* . . . . . . . . . 12
Wo ist die Luft?
Gibt es die Luft gar nicht?
Da ist die Luft
Eine Flasche voll Luft
Spiel mit den Luftbläschen
Ein Zaubertrick

*Die Luft spüren* . . . . . . . . . . . 14
Da gefällt mir die Luft am besten
Wie heißt das, was ich fühle?
Luft-Temperatur messen
Eine Wärme-Farb-Skala

*Warm oder kalt?* . . . . . . . . . . 16
Jacke an – Jacke aus
Blau oder Rot?
Kleider-Stafette

*Luftspielsachen* . . . . . . . . . . . 18
Zarte Federn
Dünnes Papier
Feine Chiffontücher

*Luft ist in Bewegung* . . . . . . . . 20
Einfacher Luftfächer
Fächerblume
Fächerspiel
Watte-Wirbel-Spiele

*Luft wird festgehalten* . . . . . . . 22
Da ist Luft drin
Wie hoch springt der Ball?
Hüpf-Matratze

*Der Luftballon* . . . . . . . . . . . 24
Luftballon-Rakete
Quietsch-Ballon
Luftballon-Zwerg
Luftballon-Spiele
Wer kann den Luftballon . . ?
Wettspiele mit dem Luftballon

*Der kleine, rote Luftballon* . . . . . 26
Lied

*Luft kann man hören* . . . . . . . . . 28
Was tut da so?
Der Luftknaller

*Ein Ton liegt in der Luft* . . . . . . 30
Hören, ohne zu sehen
Wie kommt der Ton in mein Ohr?
Die Luft schwingt
Die Sache mit dem Echo
Die Schallforscher sind unterwegs
Ein Schalltrichter

*Luft ist überall* . . . . . . . . . . . 32
Streifzug durch den Kindergarten
Wie weit reicht die Luft?
In die Luft schauen
Himmelsbilder

*Luftgeister* . . . . . . . . . . . . . . 34
Luftgeister-Geschichten
Die Marionette Luftikus
Das Marionetten-Theater

*Luftikus* . . . . . . . . . . . . . . . 36
Lied

*Willkommen zum Luftfest* . . . . . 38
Festschmuck
Spiele
Tücher-Tanz

**2. Kapitel**
**Atemluft** . . . . . . . . . . . . . . 40

*Wir atmen Luft* . . . . . . . . . . . 42
Bewußt einatmen und ausatmen
Was passiert beim Atmen?
Atemluft in der Tüte

*Atemluft spüren* . . . . . . . . . . . 44
Den Atem hören

Den Atem spüren
Den Atem im Körper hören
Heißer Atem
Feuchter Atem
Ein Atemluft-Meßgerät

*Pusten und Blasen* . . . . . . . . . . 46
Streichholzschachtel-Pusten
Pustemännchen
Puste-Torball
Ziel-Pusten
Pustefliege

*Puste-Bilder* . . . . . . . . . . . . . . 48
Die Maltechnik
So entsteht ein Baum

*Pfeifen, Flöten und Tröten* . . . . . 50
Gras-Pfeife
Papier-Tröte
Kamm-Tröte
Flaschen-Flöte
Luftpumpen-Querflöte
Löwenzahn-Tröte
Trinkhalm-Schalmei
Gartenschlauch-Fanfare

*Pfeiflied* . . . . . . . . . . . . . . . 52

*Wo ist denn die Atemluft?* . . . . . 54
Kerzen-Zauberei
Achtung Kinder, aufgepaßt!
Wieviel Sauerstoff ist in der Luft?

*Wer macht die Atemluft?* . . . . . . 56
Die ganze Welt braucht Sauerstoff
Geht die Atemluft mal aus?
Unsere Atemluft-Fabriken
Eine kleine Sauerstoff-Fabrik

*Mit Pflanzen leben* . . . . . . . . . 58
So ein Glück
Pflanzen schützen
Zimmerpflanzen im Kindergarten

*Die Atemluft-Detektive sind unterwegs* . . . . . . . . . . . . 60
Im Garten des Kindergartens
Nur ein Hinterhof?
Wo ist das Grün?
Grüne Punkte für die Atemluft?
Wo die Grünanlagen sind

*Was wir sonst noch alles einatmen* . 62
Staub und Rauch
Alltagsgift: Zigarettenrauch
Wie Kinder sich schützen können

*Ein Duft liegt in der Luft* . . . . . . 64
Schnüffel-Nasen
Schnupper-Ausflug
Riechwörter suchen
Riech mal
Schnupper-Dosen
Riech-Domino

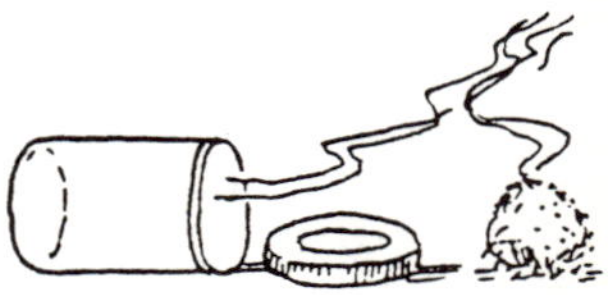

**3. Kapitel**
**Wind und Wetter** . . . . . . . . . 66

*Was ist das für ein Wetter heute!* . . 68
Hurra, der Wind ist da!
Den Wind spüren
Versteckspiel mit dem Wind
Wind, Wind blase (Lied)

*Den Wind hören* . . . . . . . . . . . 70
Wind-Wörter
Den Wind nachahmen
Wind-Musik

*Den Wind sehen* . . . . . . . . . . . 72
Der Wind ist ein Schelm
Wind-Pantomime

*Ein kleiner, wilder Wirbelwind* . . 74
Lied

*Mit dem Wind spielen* . . . . . . . . 76
Nur ein Blatt Papier
Fallschirm
Frisbee-Scheiben
Papierrad
Windball

*Wenn die Luft warm wird* . . . . . 78
Luftschlangen
Die schwebende Tüte
Heißluftballon
Viele Heißluftballons
an der Zimmerdecke

*Luft-Ringelreihen* . . . . . . . . . . 80
„Der Wind, das himmlische Kind"
In Windeseile
Es zieht
Ein Luftzug fährt los
Wind-Bilder malen

*Ein starker Wind* . . . . . . . . . . 82
Windsack

*Wetterhahn und Windhund* . . . . . 84
Wind-Finger
Ein Windhund für den Kindergarten
Wind-Vögel

*Die Luft ist feucht* . . . . . . . . . . 86
Wer zaubert denn das Wasser weg?
Eins, zwei, drei Wasserzauberei!
Tautropfen
Nebel zieht auf
Wie eine Zuckerlandschaft

*Der Herbstwind ist da* . . . . . . . . 88
Falt-Drachen
Die Kunst des Drachensteigens

*Der Wind arbeitet* . . . . . . . . . . 90
Der Wind arbeitet für die Menschen
Lieblingsspielzeug: Windrad!
Viele Windräder
So werden die Windräder befestigt

*Ein Windfest* . . . . . . . . . . . . . 92
Basteltische
Windschlangen
Der Windschlangen-Tanz
Windrädchen-Gebäck


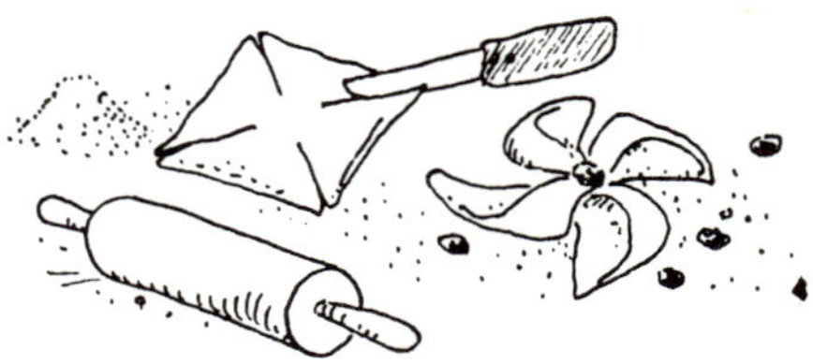


*Ein Spielzimmer für den Wind* . . . . 94

*Tanz und Spiel mit dem Wind* . . . . 96
Komm, stell dich mal mit mir
in den Wind
Lied
Die tanzende Wind-Prinzessin

**4. Kapitel**

**Hoch in der Luft** . . . . . . . . . . 98

*In die Luft schauen* . . . . . . . . . . 100
Wenn ich fliegen könnte
Was fliegt denn da?
Alle Vögel fliegen hoch

*Lied vom Fliegen* . . . . . . . . . . . 102
Lied

*Kleine, freche Spatzen* . . . . . . . . 104
Spatzengeschichten

*Spatzentanz* . . . . . . . . . . . . . . 106
Lied

*Vogel-Theater* . . . . . . . . . . . . 108
Das Spielstück
Die Darstellung
Die Kostüme
Die Kulissen

*Von kleinen und großen Vögeln* . . . 110
Das Rotkehlchen
Die Taube
Der Adler

*Alle Vögel sind schon da* . . . . . . . 112
Lieblingsvögel
Der Vogelbaum
Der Paradiesvogel
Fortsetzung der Geschichte

*Die ganze Vogelschar* . . . . . . . . 114
Vögel sind scheu
Das können die Kinder beobachten

*Warum können Vögel fliegen?* . . . . 116
Flügel zum Fliegen
Vogelfedern
Federputz
Flugbilder

*Vogelschutz im Kindergarten* . . . . 118
Natur im Kindergarten
Winterfütterung

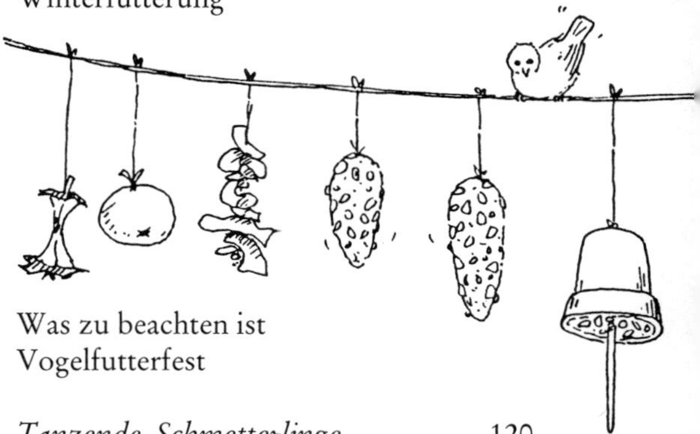

Was zu beachten ist
Vogelfutterfest

*Tanzende Schmetterlinge* . . . . . . 120
Die Kinder beobachten
Schmetterlingsnamen
Schmetterlingsparadies
Die Raupe Nimmersatt

*Es summt und brummt in der Luft* . 122
Maikäfer-Geschichten
Marienkäfer-Geschichten
Viel Glück

*Mit dem Flugzeug fliegen* . . . . . . 124
Der größte Silbervogel
Die Luft trägt
Luftschiff
Papierpropeller

*Papierflieger* . . . . . . . . . . . . . 126
Fliegender Teppich
Fliegender Pfeil
Fliegende Ringe

# 1. Kapitel

# Erlebniswelt Luft

# Luft ist unsichtbar!

Die Luft ist ein geheimnisvolles Element. Sie ist da – und niemand kann sie sehen. Es ist ein lustiges Spiel, wenn Sie die Kinder auffordern, im Raum nach der Luft Ausschau zu halten.

## Wo ist die Luft?

Wer kann sie mit den Händen festhalten? Wer kann sie zu sich herholen oder wegdrücken? Wer kann in die Luft hineinbeißen oder sie sogar aufessen? Wer kann die Luft umrühren oder sie hochwerfen?
Die Kinder probieren alles aus und überlegen, was sie sonst noch unternehmen können, um die Luft einzufangen. Dabei wird es ein großes Gelächter geben: Natürlich kann niemand die Luft sehen oder festhalten oder aufessen!

## Gibt es die Luft gar nicht?

Julia fragt: „Wo ist denn die Luft?“ Jonas protestiert: „Die Luft ist gar nicht da!“ Und Niki meint: „Die Luft ist etwas Blödes, weil ich nicht mit ihr spielen kann!“ So oder ähnlich werden die Kinder dieses Fang- und Suchspiel nach der Luft kommentieren. Was werden Sie antworten?
„Die Luft ist da. Man kann sie wirklich sehen, man kann sie auch spüren und sogar mit ihr spielen!“
Wenn die Kinder jetzt neugierig geworden sind, können Sie ihnen die Luft mit den nachfolgenden Spielen und Experimenten zeigen.
Doch, bevor Sie damit beginnen, sollten die Kinder zuerst selbst überlegen, wie sie beweisen könnten, daß Luft da ist! Sie werden dabei auf die spannendsten und verrücktesten Ideen kommen. Klar, daß alles ausprobiert wird, solange es nicht gefährlich ist.

## Da ist die Luft!

Die Kinder blättern in alten Zeitschriften, Katalogen oder Prospekten und schneiden die Dinge aus, die ihrer Meinung nach etwas mit Luft zu tun haben. Das kann ein Flugzeug sein, ein Luftballon, ein Schwimmring, ein Schmetterling oder ein Springseil . . . Die Bilder werden auf ein Plakat geklebt, und die Kinder erzählen, was sie sehen, wo die Luft ist und was mit ihr passiert.

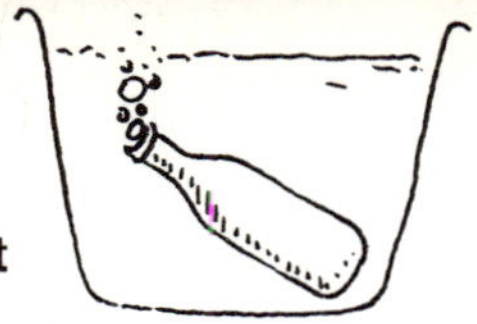

### Eine Flasche voll Luft

Bei diesem Experiment sehen die Kinder die Luft wirklich – als Luftbläschen. Nehmen Sie eine große Wanne, gefüllt mit Wasser, und eine leere Flasche aus durchsichtigem Glas. Langsam tauchen Sie die Flasche unter Wasser und die Kinder können sehen, wie Luftblasen aufsteigen. Den Strom der Luftblasen können sie unterbrechen, wenn Sie den Flaschenhals tiefer als den Flaschenkörper halten. Dann kann keine Luft mehr entweichen. Es macht den Kindern Spaß, die Luftbläschen zu beobachten, wie sie eilig durchs Wasser nach oben drängen, an der Wasseroberfläche platzen und „sich in Luft auflösen“.

### Spiel mit den Luftbläschen

Man braucht dazu zwei Trinkgläser und eine große Wasserschüssel. Das erste Glas wird schräg ins Wasser eingetaucht, so daß es sich ganz mit Wasser füllt. Das zweite Glas wird umgedreht, senkrecht ins Wasser getaucht und erst unter Wasser leicht schräg gehalten, so daß Luftblasen entweichen. Jetzt kann man mit dem ersten Glas diese Luftblasen auffangen. Das können die Kinder auch selbst ausprobieren.
Ist das Wasser mit Tinte gefärbt, können die Kinder die aufsteigenden hellen Luftblasen noch deutlicher sehen.

### Ein Zaubertrick

Zuerst werden die Kinder über die folgende Zauberei staunen, doch dann verstehen sie den Trick und können ihn nachmachen. Der Zaubererer braucht ein Wasserglas, eine Papierserviette und eine Wasserschüssel, möglichst aus Glas.
Dann kann es losgehen: Die Serviette wird als Knäuel auf den Boden des Glases gedrückt, dann dreht der Zauberer das Glas um und taucht es ganz unter Wasser. Geheimnisvoll nimmt er das Glas vorsichtig wieder aus dem Wasser und zieht die trockene Serviette heraus. Applaus für das Kunststück! Und der Trick? Nun – die Luft im Glas hat mitgezaubert!

# Die Luft spüren

Die Sache mit der Luft ist wirklich aufregend: Sie ist da, man kann sie nicht packen und festhalten – aber man kann sie spüren. Wenn draußen ein schöner, warmer Sonnentag ist, vielleicht ein leichter Wind weht, dann ist die beste Zeit, mit den Kindern hinauszugehen und die Luft aufzuspüren.

### Da gefällt mir die Luft am besten

Die Kinder gehen in den Garten oder Hof, sie haben die Ärmel hochgekrempelt, breiten ihre Arme aus und halten die geöffneten Handflächen „in die Luft". So gehen sie hin und her, bleiben mal da, mal dort stehen, drehen sich im Kreise, gehen mal in den Schatten, mal unter einen Baum, mal an die Hauswand und dann wieder in die Sonne.
Was ist zu spüren?
Wo ist es warm, wo kälter?
Wie fühlt sich die Luft in der Sonne und vergleichsweise im Schatten an?
Wo ist es am wärmsten?
Wo am kühlsten?
Zum Schluß bleibt jedes Kind an dem Platz stehen, wo es die Luft am angenehmsten empfindet: „Hier ist meine Lieblingsluft!"

### Wie heißt das, was ich fühle?

Finden Sie mit den Kindern den richtigen Begriff für das, was sie in der Luft fühlen: heiß, kalt, warm, kühl, lauwarm, schwül, feucht, trocken . . .
Wenn die Kinder Spaß daran haben, dann erfinden sie neue Wörter, zum Beispiel lieblingswarm, zitterkalt, hellwarm, dunkelkühl, schwitzeheiß, frierkalt, backofenheiß, kellerkalt . . .

## Luft-Temperatur messen

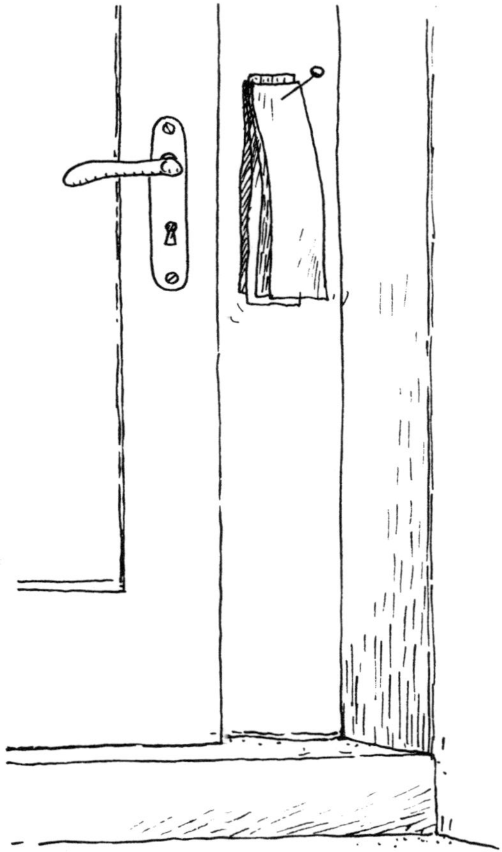

Was die Kinder in der Luft spüren, ist die Luft-Temperatur. Diese kann man in Zahlen messen. Besorgen Sie ein großes Thermometer und messen mit den Kindern die kalten, kühlen, warmen und heißen Ecken im Kindergarten, auch die Temperatur im Gruppenraum, in der Küche, im Treppenhaus und Waschraum.

## Eine Wärme-Farb-Skala

Wenn die Kinder die Zahlen des Thermometers nicht ablesen und unterscheiden können, bietet sich folgende Wärmemessung an: Die Wärmegrade werden in Farbstufen umgewandelt. Dazu nehmen Sie einen dünnen Papierstreifen und teilen ihn entsprechend der Temperatur-Skala (Grad Celsius) in Farbeinheiten ein. Dann malen Sie den Papierstreifen an und kleben ihn über die Temperatur-Skala. Eine Farbskala könnte zum Beispiel so aussehen:

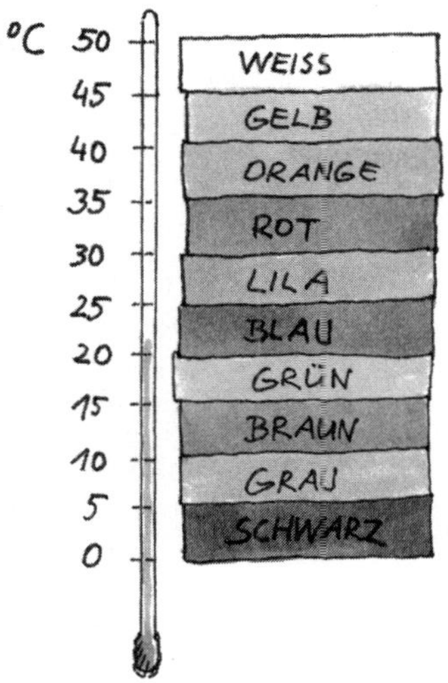


Die Kinder ziehen von Ort zu Ort und messen und vergleichen die Temperatur. Als Dokument befestigen sie ein Papier mit der entsprechenden Farbe an der Stelle, an der gemessen wurde.
Wird morgen die Temperatur anders sein? Nachmessen und vergleichen!
Und was passiert übermorgen, in einer Woche oder in einem Monat? Die farbigen Blätter, die übereinander geheftet werden, zeigen die Temperatur-Schwankungen an.

# Warm oder kalt?

Viele Kinder beachten kaum, ob die Luft kalt oder warm ist. Wer kennt nicht diese Situation: Die Kinder wollen draußen spielen und stürmen aus dem Haus, ohne darauf zu achten, ob draußen Sonne, Wind, Regen oder Schnee ist. Nur mit Mühe bringt man die ungeduldige Kinderschar dazu, sich entsprechend der Außentemperatur anzukleiden und Jacken oder Mäntel anzuziehen. Mit der fürsorglichen Feststellung „Draußen ist es kühl, zieht euch warm an!“ können die Kinder wenig anfangen.
Andererseits sieht man Kinder, die in der Sonne spielen und bis unters Kinn mit Jacke und Schal eingepackt sind. Das Gesicht ist knallrot vor Hitze. Aber auf die Idee, die warmen Sachen auszuziehen, kommen sie nicht.
So gilt es, den Kindern erst einmal den Zusammenhang von warmer oder kalter Luft und einer sinnvollen Kleidung zu vermitteln. Dazu die folgenden Spiele.

## Jacke an – Jacke aus

Dies ist ein lustiges Spiel für die Kleinen. Alle sitzen im Kreis und Sie erzählen eine frei erfundene Geschichte: vom kalten Wind und Regen, von kühlen Räumen und Schneestürmen, von warmen Sonnenstrahlen und Badeferien, von erwärmten Räumen und heißen Feuerstellen . . .
Je nachdem, welche Temperatur in ihrer Geschichte vorkommt, ziehen die Kinder ihre Jacke aus oder an. Das muß ganz schnell gehen, dann macht es Spaß! So könnte Ihre Geschichte beginnen:

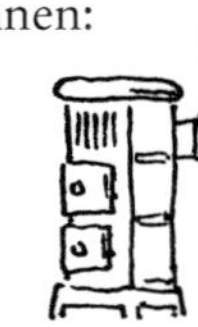

„Wir sitzen im warmen Zimmer“ (Die Kinder ziehen ihre Jacken aus). „Jetzt wollen wir auf den Spielplatz gehen. Wir rennen alle aus dem Haus. Draußen ist es windig und kalt.“ (Die Kinder ziehen ihre Jacke wieder an.) „Wir gehen die Straße entlang, am Bäckerladen vorbei. Da riecht es nach frischen Brötchen. Wir bekommen Hunger und gehen hinein. Im Laden ist es sehr warm (Jacke aus). Jeder bekommt ein Brötchen, wir bezahlen und gehen wieder hinaus. (Jacke an) . . .

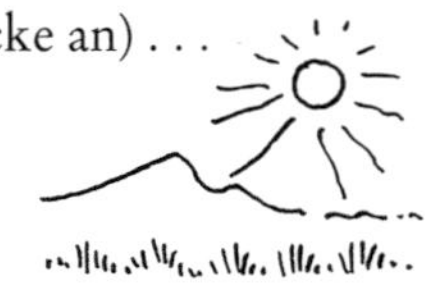

Eine andere Geschichte kann als Phantasiereise durch alle Jahreszeiten führen oder eine Reise um die Welt sein, also zu den Eismeeren, in die Wüste, ins Gebirge und an den Strand.

## Blau oder rot?

Diese Spiel ist für die größeren Kinder, die schon etwas mehr Erfahrung mit Kälte und Wärme haben.
Alle sitzen im Kreis. In der Kreismitte liegt ein blauer und ein roter Reifen. Der blaue Reifen bedeutet „kalte und kühle Luft“, der rote Reifen „warme und heiße Luft“.
Nun geht es los: Ein Kind ist der Spieler und Sie stellen an ihn eine Frage, zum Beispiel:

- Wie ist die Luft, wenn ich einen Schneemann baue?
- Wie ist die Luft, wenn ich ins Freibad gehe?
- Wie ist die Luft, wenn ich beim Metzger im Kühlraum bin?
- Wie ist die Luft, wenn ich beim Bäcker in der Backstube bin?

Als Antwort springt der Spieler in einen der beiden Reifen. Hat er richtig geraten? Dann darf er den nächsten Spieler bestimmen oder die nächste Frage stellen.

## Kleider-Stafette

Die Kinder werden in zwei oder drei Spielgruppen eingeteilt und stellen sich hintereinander auf. Einige Meter vom Start entfernt werden für jede Gruppe jeweils zwei Reifen ausgelegt. In dem einen liegen Jacke und Schal, in dem anderen ein großes T-Shirt und ein Sonnenhut.

*Spiel*
Der Spielleiter stellt eine Frage, zum Beispiel: Wie ist die Luft im Winter? Als Antwort rennen die ersten Spieler der Gruppen los, ziehen schnell die bereitgelegten Sachen an und stellen sich in den Reifen. Haben die Spieler die richtige Kleidung angezogen? Wer war zuerst fertig? – Schließlich legen die Kinder die Kleidung wieder ab und stellen sich hinten an ihre Reihe an.
Beispiele für die nächsten Fragen: Kühl oder kalt ist es im Schatten, im Keller, beim Schlittenfahren, auf schneebedeckten Bergen, im Wald, bei Schneeregen …
Warm oder heiß ist es im Hallenbad, neben dem geheizten Ofen, im Sommer auf der Wiese, am Strand, am Lagerfeuer …

# Luftspielsachen

Luftspielsachen haben einen besonderen Spielreiz. Sie sind sehr leicht und ihre Bewegungen ein ruhiges Schweben, sanftes Wiegen oder langsames Schaukeln – kein schnelles Fallen oder rasantes Fliegen. Manchmal sieht es aus, als würde jemand das Spielzeug festhalten. Jemand? Klar, es sind doch Luftspielsachen, und die Luft spielt mit. Lassen Sie die Kinder anfangs ohne Anleitung oder Regeln mit den Spielsachen spielen und ausprobieren, wie man am geschicktesten damit umgeht. Sie werden dabei entdecken, daß man mit diesen Spielsachen nur sanft umgehen kann, die Bewegung erst abwarten und dann darauf eingehen muß. Es ist ein stilles, konzentriertes und leises Spielen. Mit Kraft und Gewalt ist nichts anzustellen.

*Information für Schlaumeier*
Es sind Luftdruck, Luftwiderstand und Luftbewegungen von kalter und warmer Luft, die die Bewegungen der Spielsachen beeinflussen.

## Zarte Federn

Diese kleinen, bunten Federn sind in Spielwaren- oder Bastelläden zu bekommen.

*Spiele*
- Hochwerfen und zuschauen, wie die Feder in der Luft schwebt, weiterfliegt und zu Boden schaukelt;
- hochwerfen und wieder einfangen;
- weit wegwerfen;
- durch Blasen so lange wie möglich in der Luft schweben lassen;
- die Feder einander zuwerfen oder zublasen;
- Feder in der flachen Hand tragen.

## Dünnes Papier

Bunte Luftschlangen, japanische Papierbälle, feine Papierservietten, Seidenpapier und Pergamentpapier in allen Größen, das sind die einfachsten, aber schönsten Luftspielsachen. Suchen Sie leuchtende Farben aus.

*Spiele*

- Hochwerfen und auf den Boden segeln lassen, dabei die Bewegung des Papieres nachmachen – und am Schluß auch still auf dem Boden liegen;
- auf einen Tisch klettern und das Papier von weit oben fallen lassen;
- hochwerfen und mit dem Zeigefinger auffangen;
- auf der flachen Hand forttragen;
- einem Mitspieler zuwerfen;
- mit welcher Papiergröße kann man am besten spielen?

## Feine Chiffontücher

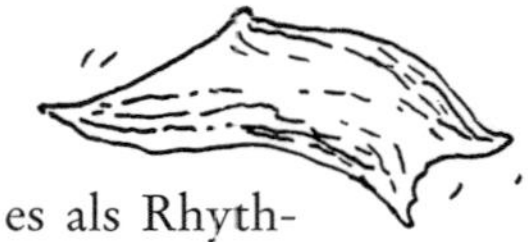

Diese zarten Tücher gibt es als Rhythmik-Spielmaterial. Auch in Kaufhäusern sind sie in allen Farben billig zu haben.

*Spiele*

- Flach hochwerfen und zu Boden schweben lassen;
- geknäuelt hochwerfen und auffangen;
- im Kreis wirbeln und wegschleudern;
- auf ein Zeichen werfen alle Kinder ihre Tücher in die Luft und fangen ein anderes Tuch auf.

# Luft ist in Bewegung

Jetzt geht es rund! Während die Spiele der vorhergehenden Seiten sanft und ruhig sind, gibt es hier laute und wilde Spiele. Die Luft wird tüchtig in Schwung gebracht.
Die Luft ist auch jetzt nicht zu sehen, aber die Kinder können sie spüren, mal sanft wie ein zartes Streicheln, mal heftig wie ein wilder Wind.

### Einfacher Luftfächer

Die Kinder falten ein Blatt Papier in Zickzackform zusammen. Je stärker das Papier ist, desto stärker ist der Luftzug beim Fächeln.

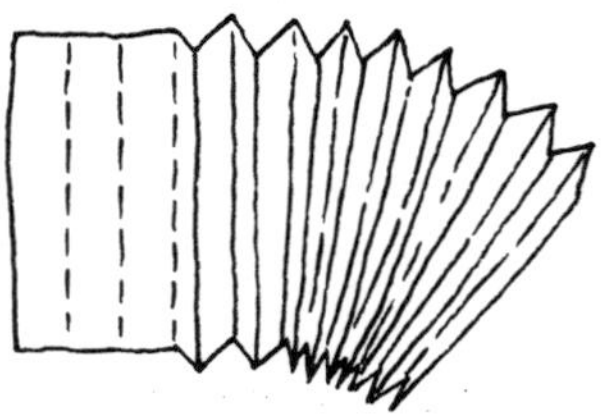

### Fächerblume

Auf das Papier wird zuerst ein Muster gemalt: Streifen, Punkte oder große Kreise. Dann faltet man den Fächer in Zickzackform zusammen, knickt den gefalteten Streifen in der Mitte um, klebt die beiden inneren Faltenstreifen zusammen. An die Außenseiten werden zwei Haltegriffe aus festerem Karton geklebt. Jetzt kann man den Fächer zur Blume schließen.

Wie man mit dem Fächer umgeht, das probieren die Kinder gleich aus:

- Sie wirbeln die Luft zu sich her;
- wehen die Luft von sich weg;
- sie fächeln seitlich, quer, nach vorne und nach hinten;
- wann spürt man die Luft ganz zart?
- wann spürt man die Luft stark?

### Fächerspiel

Zwei Kinder sitzen sich gegenüber. Eines fächelt dem anderen Luft zu: ins Gesicht, auf den Arm, in die Haare, in die Handfläche, an die Beine . . .
Das andere schließt seine Augen und sagt, wo es den Luftzug spürt.
Nach einiger Zeit werden die Rollen gewechselt.

## Watte-Wirbel-Spiele

Jeder Spieler hat einen Fächer. Gespielt wird mit Wattebällchen, die Spielfläche ist ein Tisch. Bei diesem Spiel kommt es nicht nur auf Schnelligkeit, sondern auch auf Geschicklichkeit an. Meistens kommt man mit einem sanften Fächeln schneller ans Ziel als mit einem kraftvollen Stoß. Nicht vergessen – die Luft spielt auch mit!

Nachfolgend sind mehrere Spiele beschrieben. Wenn die Kinder diese durchgespielt haben, werden sie eigene Spiele erfinden – und die machen am meisten Spaß!

*Rund um den Tisch*
Vier oder mehr Spieler stellen sich rund um den Tisch. Mit dem Fächer versucht jeder, sein Wattebällchen an der Tischkante entlang zu bewegen – rund um den Tisch, bis jeder wieder auf seinem Platz steht.

*Fangespiel*
Zwei Spieler stehen sich am Tisch gegenüber. Jeder fächelt sein Wattebällchen, so schnell er kann, an der Tischkante entlang und versucht, das Wattebällchen des Gegners einzuholen.

*Hindernislauf*
Verschiedene Bauklötze, Büchsen und Schachteln erschweren den Weg über den Tisch. Eine Kreidespur auf dem Tisch zeigt den Weg, jeder Spieler tritt einzeln an. Die Zeit wird gestoppt. Wer ist der Schnellste?

*Torball*
Aus Kartonstreifen basteln die Kinder zwei Tore und kleben sie mit Klebestreifen an der Tischkante fest. Der Ball ist das weiche Wattebällchen. Zwei Mannschaften spielen gegeneinander. Die Tore werden gezählt.

*Boccia*
Die Spieler stehen an einer Tischkante. Ein rotes Wattebällchen ist die Zielkugel. Die Spieler versuchen mit einem Fächerschwung ihr Wattebällchen so nahe wie möglich an die Zielkugel heranzuwirbeln. Aber vorsichtig, denn wer sein Spielbällchen oder sogar die Zielkugel vom Tisch weht, der muß aussetzen.

# Luft wird festgehalten

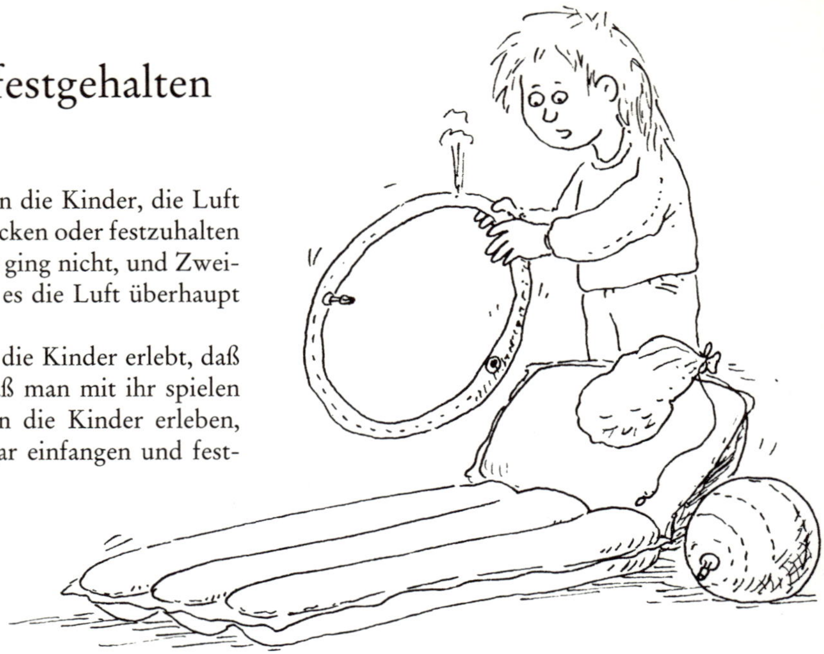

Anfangs versuchten die Kinder, die Luft einzufangen, zu packen oder festzuhalten (siehe Seite 12). Es ging nicht, und Zweifel regten sich, ob es die Luft überhaupt gäbe.
Inzwischen haben die Kinder erlebt, daß Luft da ist und daß man mit ihr spielen kann. Jetzt werden die Kinder erleben, daß man Luft sogar einfangen und festhalten kann.

**Da ist Luft drin**

Tragen Sie verschiedene Gegenstände zusammen, die man mit Luft füllen oder aus denen man Luft herauspressen kann, zum Beispiel:

- Bälle, die man aufpumpen kann
- Wasserball
- Schwimmreifen
- Schwimmflügel
- Luftmatratze
- Fahrradreifen
- Luftpumpen aller Art
- Luftballons
- aufblasbare Gummitiere

**Luftspiele**

Die Kinder spielen und experimentieren mit den Gegenständen:

- Sie lassen Luft heraus, pumpen Luft hinein, blasen auf . . .
- sie setzen sich darauf, hüpfen und schaukeln auf und ab . . .
- sie setzen sich darauf und lassen gleichzeitig die Luft ab . . .
- sie füllen die Gegenstände mit unterschiedlich viel Luft auf: ein bißchen, halb oder prall voll . . .
- sie untersuchen, wie stark ein Gegenstand mit Luft gefüllt sein muß, damit man gut damit spielen kann . . .
- sie probieren aus, ob man auch mit laschen, halbgefüllten Ringen oder Bällen spielen kann (hier ist die Phantasie herausgefordert) . . .

**Wie hoch springt der Ball?**

Ein aufblasbarer Gummiball wird unterschiedlich stark mit Luft gefüllt und immer wieder ausprobiert, wie gut er dann springt:

- Mit wenig Luft;
- mit Luft halb gefüllt;
- mit Luft beinahe ganz gefüllt;
- prall gefüllt.

**Hüpf-Matratze**

Die Kinder pumpen eine Luftmatratze auf und überprüfen dabei immer wieder, ab wann sie am besten darauf hüpfen können.

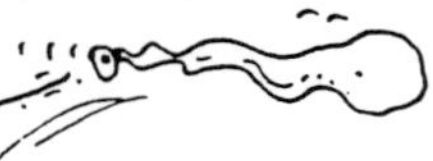

# Der Luftballon

Der Luftballon gehört zu den Lieblingsspielsachen der Kinder. Ob groß, ob klein – die Augen leuchten, wenn sie einen Luftballon in der Hand halten.

## Luftballon-Rakete

Der Luftballon wird aufgeblasen und losgelassen. Jetzt saust er wie eine Rakete durch die Luft. Das gefällt den Kindern, und jauchzend rennen sie hinterher. Ein Spiel, das sie oft wiederholen wollen.
So geht der Raketenstart: Auf ein Zeichen lassen alle Kinder gleichzeitig ihre Luftballons los – das gibt ein herrliches Luftballon-Durcheinander.

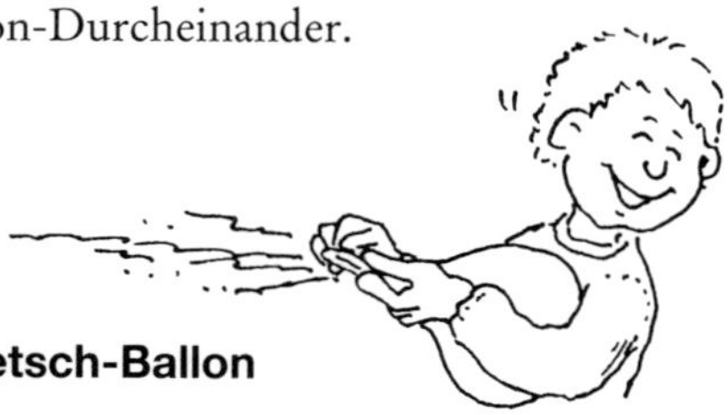

## Quietsch-Ballon

Ein Spiel für starke Nerven! Der Ballon wird aufgeblasen, das Mundstück mit beiden Händen festgehalten und breit auseinadergezogen, so daß die Luft mit einem furchtbar-schönen Quietschton durch den Schlitz entweicht.
So geht die Ballon-Zupfmusik: Der aufgeblasene Ballon wird mit der einen Hand am Mundstück zugehalten, mit der anderen Hand zupft man an der Ballonhaut. Das klingt toll, wenn alle gleichzeitig im Rhythmus eines Liedes zupfen.

## Luftballon-Zwerg

Zuerst basteln die Kinder die Füße für ihren Zwerg: Sie legen Kartonpapier auf den Boden, stellen sich mit beiden Füßen darauf, umfahren ihre Füße mit einem Stift und schneiden den „Doppelfuß" aus. Achtung, die Mittellinie nicht durchschneiden (siehe Zeichnung).
Dann wird der Luftballon aufgeblasen, verknotet und mit doppelseitigem Klebeband so auf den „Doppelfuß" geklebt, daß das Mundstück oben wie ein Haarbüschel in die Luft steht.
Zum Schluß malen die Kinder mit einem dicken Filzstift ein lustiges Gesicht auf ihren Ballon.
Wer will, kann aus Buntpapier einen Hut falten und mit Klebeband festkleben oder oben an das Mundstück ein paar Wolle-Haarbüschel festbinden.

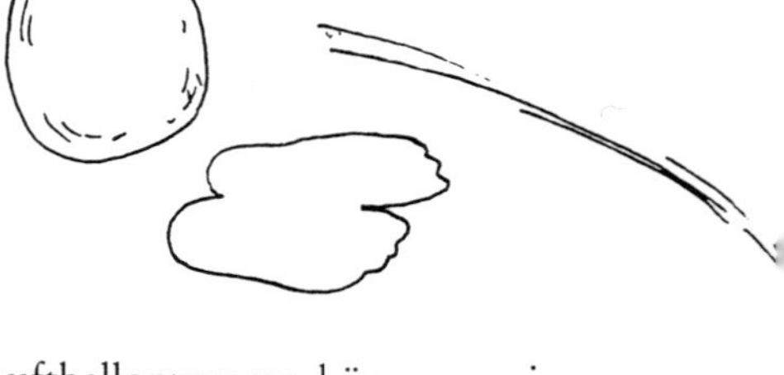

*Spiel*
Die Luftballonzwerge können springen und hüpfen. Wenn die Kinder sie in die Luft werfen, landen sie immer auf ihren Füßen. Wie wäre es mit einem Zwergen-Weitsprung-Wettspiel?

## Luftballon-Spiele

So ein Luftballon ist ganz schön eigensinnig! Will man ihn in die Höhe werfen, fliegt er in eine ganz andere Richtung; will man ihn mit aller Kraft wegstoßen, schnellt er in die Höhe; will man ihn einfangen, hüpft er davon . . .
Wen wundert das?
Na klar – die Luft spielt wieder mit! Doch gerade diese unberechenbare Luftballonbewegung macht die Spiele lustig und spannend.

*Wer kann den Luftballon . . .*
. . . mit einem Finger hochhalten?
. . . auf der flachen Hand tragen?
. . . auf dem Handrücken balancieren?
. . . mit dem Finger in die Höhe stupsen und dabei eine Wegstrecke gehen?
. . . dem Spielpartner zuwerfen?
. . . auf den Boden legen und drüber springen?
. . . hinter dem Rücken hochwerfen und wieder auffangen?

Und wer erfindet noch andere Spiele?

## Wettspiele mit dem Luftballon

Die Kinder werden in zwei oder mehr Spielgruppen eingeteilt und stellen sich hintereinander auf. Der erste Spieler beginnt, rennt mit dem Luftballon zum Zielpfosten, schnell wieder zurück und übergibt dem nächsten den Ballon.
Auf der Rennstrecke muß man allerhand Geschicklichkeit beweisen, zum Beispiel:

*Eingeklemmt*
Der Spieler hat zwischen den Beinen einen Luftballon festgeklemmt.

*Kochlöffel-Lauf*
Der Luftballon wird auf einem Kochlöffel fortgetragen.

*Fingerbalance*
Der Luftballon wird auf einem Finger balanciert.

*Schubkarren-Rennen*
In jedem Schubkarren liegen zwei oder mehr Luftballons. Aufgepaßt, wer zu schnell rennt, macht zu viel Aufwind, und die Luftballons hüpfen auf und davon.

# Der kleine, rote Luftballon

Text: Bernd Kohlhepp
Melodie: Jürgen Treyz

Flög' mein roter Luftballon
wie er wollte – schon davon,
wäre er bald schon nicht mehr da,
flög nach Afrimerika.

Refrain:
Doch ist bei dem Luftballon
leider eine Schnur daran,
fliegt er nicht so, wie er will,
hält an meinem Finger still.

Flöge rot, so wie er wär',
übers große, blaue Meer,
und wer grad dieses Meer befährt,
fände dies wohl unerhört.

Refrain: Doch ist . . .

Flöge knallrot, wie er wär,
Büffelherden hinterher,
wenn da keine Büffel wärn,
jagte er halt Grislybär'n.

Refrain: Doch ist . . .

Wär da auch ein Wasserfall,
wär' er gern der Wasserball,
und der Otter und der Biber
gäben ihm die Nasenstüber.

Refrain: Doch ist . . .

Weil der rote Luftballon
gar so gerne würd' davon,
laß ich, weil er's gerne möcht,
fliegen, und es ist schon recht.

Refrain:
Bliebe er an meinem Finger,
wär' er bald schon viel geringer,
schrumpelte gewiß ganz klein,
so wird's sicher besser sein.

Weil der rote Luftballon
in die Höhe fliegt davon,
ist er bald schon nicht mehr da.
Grüß mir Afrimerika!

# Luft kann man hören

Welche Töne oder Geräusche die Luft von sich gibt, das hören die Kinder bei diesen Spielen.

**Was tut da so?**

Suchen Sie mit den Kindern jeweils den treffendsten Ausdruck. Diese neuen Wörter lernen die Kinder schnell, weil sie schön lautmalerisch klingen.

*Fahrradpumpe*
Hier wird die Luft eingezogen und wieder herausgepreßt. Die Kinder hören ein Pfeifen.

*Blasebalg für eine Luftmatratze*
Zuerst füllt sich der Blasebalg mit Luft. Dann kann man auf die Pumpe treten, so daß die Luft wieder herausgepreßt wird. Die Kinder hören ein lautes Schnauben und Pfeifen.

*Luftmatratze*
Sie wird zuerst prall aufgepumpt und das Ventil verschlossen. Dann wird der Stöpsel herausgezogen – und mit lautem Zischen und Fauchen strömt die Luft wieder heraus.

*Fahrrad-Reifen*
Der Reifen wird aufgepumpt und das Ventil geschlossen. Dann dreht jemand das Ventil wieder auf – und zischend und pfeifend dringt die Luft wieder aus dem Schlauch.

*Luftballon*
Den Luftballon aufblasen und das Mundstück mit den Fingern zuhalten. Dann den Ballon locker festhalten, das Mundstück loslassen und die Luft wieder herauslassen. Ein komisches, schnarrendes Blasen ist zu hören. Anders quietscht es, wenn man beim Herauslassen der Luft das Mundstück auseinanderzieht (siehe Seite 24).

*Jaulschlauch*
Dies ist ein geriffelter Plastikschlauch, wie man ihn in Spielwarenläden, in Bau- oder Elektrogeschäften für wenig Geld kaufen kann. Der Schlauch wird an einem Ende mit der Hand festgehalten und im Kreis herumgewirbelt. Ein unheimliches, jaulendes und heulendes Luftgeräusch ist zu hören.

## Der Luftknaller

Diese Papierklatsche können die Kinder selbst falten:

1. Einmal längs falten und wieder öffnen;
2. einmal quer falten und wieder öffnen;
3. die Ecken bis zur Mittellinie falten;
4. der Länge nach zusammenfalten;
5. die Spitzen zur Mittellinie falten;
6. die Seiten nach außen zusammenlegen;
7. den Luftknaller an der Spitze festhalten und mit Schwung nach unten schlagen, dabei springt das nach innen gefaltete Papier mit einem Knall heraus.

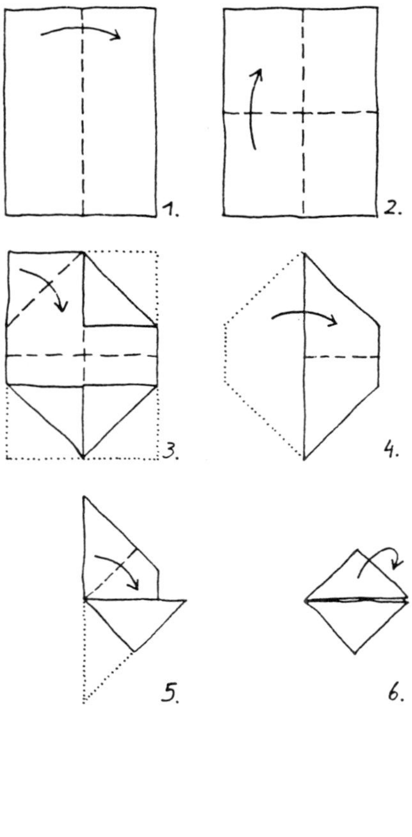

**TIP:** Am besten knallt es mit dünnem Zeitschriften-Papier

# Ein Ton liegt in der Luft

Wie kommt es, daß wir Kirchenglocken hören, ohne sie zu sehen? Auch die Sirenen oder ein Polizeiauto hören wir von ferne, ohne etwas davon zu sehen. Es ist der Schall, der von der Luft weitergetragen wird und so zu unserem Ohr gelangt.

## Hören, ohne zu sehen

Die Kinder halten sich die Augen zu, sind ganz still und lauschen. Welche Geräusche, Klänge oder Töne hören sie?
Im Gruppenraum gibt es viele Geräusche! Und was ist draußen im Garten oder Hof zu hören?

## Wie kommt der Ton in mein Ohr?

Wenn Kinder diese Frage stellen, können Sie mit einem Beispiel den komplizierten Vorgang erklären:
Füllen Sie eine Schüssel mit Wasser und lassen einen Stein ins Wasser plumpsen. Es bilden sich auf dem Wasserspiegel Wellenkreise, die immer größer werden und sich nach außen hin ausbreiten. So wie der Stein die Wasserwellen auslöste, so löst ein Ton Luftwellen aus, man nennt sie Schallwellen. Und so, wie sich die Wellen auf der Wasseroberfläche ausbreiten, so breiten sich die Schallwellen in der Luft aus und erreichen unser Ohr.

## Sichtbare Schallwellen

Diese Bewegung der Luft, die Schallwellen, können Sie den Kindern mit einem Gummiband zeigen: Sie spannen das Gummiband um eine Schachtel – ohne Deckel – und zupfen daran. Es beginnt zu schwingen, und die Kinder hören einen Ton. Diese Schwingung ist gut zu sehen. Wenn Sie die Schwingung des Gummibandes mit der Hand stoppen, dann hören die Kinder auch den Ton nicht mehr.

*Information für Schlaumeier:*
In unserem Ohr haben wir ein winzigkleines Trommelfell. Bis hierher gelangt die Luftschwingung. Das Trommelfell im Ohr schwingt mit und leitet die Schwingung über das Mittelohr in das Gehirn. So können wir den Ton wahrnehmen.

## Die Sache mit dem Echo

Kennen Sie eine Stelle, an der ein Schall als Echo wiederkommt? Dann zeigen Sie den Kindern diesen Ort. Das muß jetzt nicht ein Ausflug ins Gebirge sein, auch in der Stadt gibt es Echos, zum Beispiel vor einer geraden Hauswand, in einer Fußgängerunterführung oder unter einer Brücke. Die Echowand muß mindestens 17 m entfernt sein bzw. der Tunnel so lang. Dann klappt es. Die Kinder werden begeistert sein und mit Rufen, Singen und Geräuschemachen nicht mehr aufhören wollen. Planen Sie viel Zeit für diesen Echo-Ausflug.

*Information für Schlaumeier:*
Der Schall legt in 1 Sekunde genau 340 m zurück. Das menschliche Ohr kann erst in der Zeitspanne von 1/10 Sekunde den Ruf und das Echo als zwei verschiedene Töne wahrnehmen. Für diese Zeitspanne von 1/10 Sekunde benötigt das Echo also 34 m, aufgeteilt in einen Hin- und Rückweg von je 17 m.

## Die Schallforscher sind unterwegs

Till stülpt sich einen Plastikeimer über den Kopf und singt darunter ein Lied – seine Stimme klingt richtig fremd. Anna nimmt einen Blecheimer und ruft hinein – ganz blechern schallt es zurück. Jan rennt zum Treppenhaus und brüllt in das Kellergeschoß hinunter – hohl und dumpf schallt es dort unten weiter . . .
Die Kinder untersuchen alle Ecken und Winkel, Töpfe und sonstige große Gefäße. Sie erforschen die Schallwellen, die sie zwar nicht sehen, von denen sie aber wissen, daß sie da sind und sich wellenartig ausbreiten.

## Ein Schalltrichter

Bei Sportfest sind sie oft (Megaphone) zu hören. Hier wird der Schall nicht nach allen Seiten verbreitet (wie es die Kinder bei den Wasserwellen als Beispiel sehen konnten), sondern er wird in eine Richtung gelenkt und dadurch verstärkt.
Schon ein großer Küchentrichter hat diesen Schalleffekt. Ausprobieren.
Ein Schalltrichter ist auch schnell gebastelt. Man braucht dazu festes Papier. Mit Schnur und Bleistift wird ein Halbkreis gezogen, ausgeschnitten, wie eine Tüte zusammengerollt und eine Mundöffnung abgeschnitten.

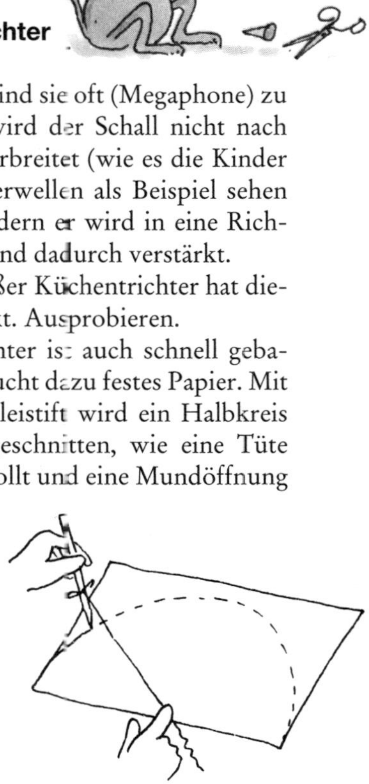

# Luft ist überall

Jetzt haben die Kinder die Luft kennengelernt, sie gespürt, gesehen, gehört und mit ihr gespielt. Jetzt wissen sie es genau: Ja, es gibt die Luft, sie ist da, und sie ist überall.

**Streifzug durch den Kindergarten**

Die Kinder schauen sich um und stellen sich vor, daß überall Luft ist.
Sie wandern durch den Gruppenraum, schauen in die Ecken, unter den Tisch, in den Schrank, in Schubladen, hinter die Vorhänge ...
Ist die Luft auch in der kleinen Pappschachtel, der Streichholzschachtel, oder im kleinen Loch einer Holzperle ... ? Ist die Luft auch draußen im Garten, unter den Hecken, hinter den Bäumen, bei der Schaukel, beim Sandkasten ... ?
Zum Kindergarten gehören auch Keller, Küche, Waschraum, Gang ... ist auch dort die Luft?
Es gibt so viele Plätze, die man unter diesem Gesichtspunkt anschauen kann. Überall ist Luft, auch in der kleinsten Schachtel, in jedem Spalt und unter jeder Kiste. An diese Vorstellung muß man sich erst gewöhnen!

**Wie weit reicht die Luft?**

Julian möchte es genau wissen: „Wie weit geht die Luft in die Höhe? Bis zur Sonne? Oder bis zum Mond?
Wenn sich Kinder dafür interessieren, können Sie ihnen diese Antwort geben: Die Luft reicht sehr weit in die Höhe. Die ganze Erde ist mit einer Lufthülle umgeben. Diese Lufthülle heißt Atmosphäre. Doch wird die Luft nach oben hin immer dünner. Hier unten auf der Erde ist die Luft dicht, oben auf einem sehr hohen Berg ist sie dünn, es gibt dort nur noch wenig Luft, und das Atmen fällt schwer. Und ganz weit weg, dort wo der Mond ist, da gibt es keine Luft mehr!

## Die Luft anschauen

Die Kinder schauen hoch in den Himmel. Wenn schönes Wetter ist, legen sie sich auf die Weise und schauen lange in die Luft.
*Achtung:* Nicht in die Sonne schauen, sondern nur den Himmel betrachten!
Dort oben ist viel, viel Luft.
Wie sieht sie aus? Manchmal ist sie blau, manchmal hellblau, dunkelblau, grau, weißgrau . . . und am Abend oder Morgen kann der Lufthimmel rot oder lila aussehen.

## Himmelsbilder

Wie sieht die Luft am Himmel heute aus? Die Kinder schauen nach und versuchen, mit Wasserfarben ein Bild in der gleichen Farbe zu malen.
Wenn die Kinder eine Woche lang jeden Tag den Himmel „abmalen“, dann können sie vergleichen, wie sich die Luft immer wieder verändert und wie viele Farben sie hat.

**TIP:** Wenn Sie den Kindern mehr über die Wolken erzählen wollen, dann schauen Sie im Band „Wasser“ (Seite 52) dieser Buchreihe nach.

# Luftgeister

Die Luftgeister sind kleine, fröhlich-freche Kobolde. Man kann sie nicht sehen, aber man kann sehen, wenn sie etwas anstellen.
Sie sausen durch die Luft, fliegen über Dächer und Türme, schweben über Wiesen und Wälder, purzeln über Wolken, rutschen den Regenbogen hinunter, sie wirbeln Staub auf, blasen Rauchwolken in den Himmel, sie spielen im Frühling mit Schmetterlingen, im Sommer necken sie die Bienen, im Herbst schaukeln sie in Spinnennetzen und im Winter tanzen sie mit den Schneeflocken.

## Luftgeister-Geschichten

Phantasieren Sie mit den Kindern weiter. Was machen die Luftgeister noch? Erfinden Sie lustige, kurze Geschichten, die die Kinder mit ihren Marionetten aus Tüllstoff nachspielen können.

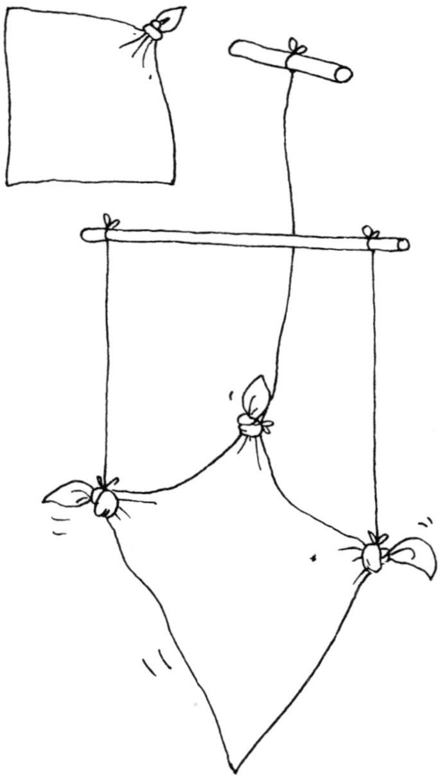

## Die Marionette Luftikus

Luftikus ist ein kleiner Luftkobold. Als Spielfigur ist für ihn die Marionette geeignet: Diese ist sehr beweglich, der Spieler kann sie umherwirbeln, tanzen und springen lassen.
Die Figur wird aus feinem, durchsichtigem Gewebe gebastelt, zum Beispiel aus Tüllstoff, Chiffontuch oder dünnem Gardinenstoff.

1. Stoff quadratisch zuschneiden;
2. drei Zipfel verknoten;
3. mit Nylonfaden an Stäbe knüpfen.

## Das Marionetten-Theater

Die Hauptperson ist der kleine Luftkobold. Und was wird gespielt?
Zum Beispiel könnte Luftikus einen Schmetterling treffen und mit ihm spielen, oder in einem Spinnennetz schaukeln, was der Spinne gar nicht gefällt ...

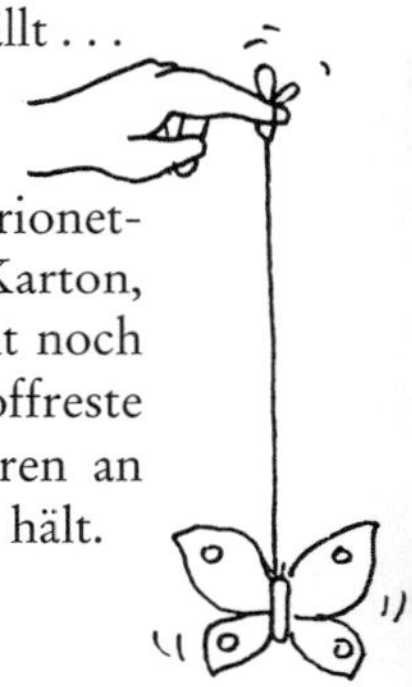

*Figuren*
Die weiteren Figuren für das Marionettenspiel malen die Kinder auf Karton, schneiden sie aus, kleben vielleicht noch Federn, Perlen, Glitzerpapier, Stoffreste usw. an und befestigen die Figuren an Fäden, die der Spieler in der Hand hält.

*Requisiten*
Die Requisiten und Kulissen, wie Vogelnest oder Blumenwiese, werden auf Kartonpapier gemalt, ausgeschnitten und mit Klebestreifen auf die „Bühne" geklebt.

*Bühne*
Die Bühne ist der Tisch, die Spieler stehen dahinter. Oder man spannt ein Tuch auf. Vor dem Tuch ist die Bühne, dahinter stehen die Spieler.

# Luftikus

Text: Bernd Kohlhepp
Melodie: Jürgen Treyz

## Der Pustekobold Luftikus

Im Herbst, wenn hohe Wolken stehn,
läßt sich oft ein Luftschloß sehn.
Und es haust dort, wußtest du's?
Der Pustekobold Luftikus!

Luftikus hat viel zu tun,
purzelt ohne auszuruhn
übers Land und drüber raus,
will am liebsten hoch hinaus.

Luftikus hat einen Freund,
meistens sausen sie vereint
dorthin, wo dicke Wolken sind.
Sein Freund, das ist ein Wirbelwind!

Manchmal kommen sie dann her,
pusten alle Bäume leer,
blasen auch, oh großer Schreck,
den Männern ihre Hüte weg!

Sie können auch kein Windrad sehn,
ohne einmal dran zu drehn.
Steigt ein Drachen irgendwann,
dann hängt sich Luftikus daran.

Und gerne würd' ich ihn mal sehn,
fürchte, es wird niemals gehn,
denn er ist, und das ist wahr,
für Menschenaugen unsichtbar!

Doch sieht man meistens ziemlich gut,
was der Pustekobold tut,
dreht ein Windrad, wie es muß,
dann liegt es oft an Luftikus.

# Willkommen zum Luft-Fest

Dieses Fest muß nicht lange vorbereitet werden!

## Festschmuck

Der Garten oder Gruppenraum wird mit Luftschlangen und bunten Papierfähnchen geschmückt. Die Kinder schneiden die Fähnchen aus Buntpapier und kleben sie an lange Schnüre, die quer durch den Raum gezogen werden.

## Luft-Fest-Spiele

In der Spielstraße werden lauter Geschicklichkeitsspiele aufgebaut, die ab S. 20ff. beschrieben sind:

*Temperatur schätzen*
In der Sonne und im Schatten sind Thermometer aufgestellt. Der Spieler muß schätzen, wie warm es ist.

*Federspiel*
Eine Feder in der flachen Hand tragen. Die Wegstrecke ist markiert.

*Papierspiel*
Eine Serviette auf dem Zeigefinger balancieren, dabei über Hinternisse steigen.

*Wattebällchenspiel*
Mit einem selbstgefalteten Fächer (Papier liegt bereit) ein Wattebällchen um mindestens 10 Hindernisse herum fächeln.

*Luftballon-Rakete*
Einen Luftballon aufblasen, loslassen, so daß die „Rakete“ bis über eine vorgegebene Ziellinie saust.

*Luftballonrennen*
Ein aufgeblasener Luftballon wird dem Spieler zwischen die Beine geklemmt, jetzt muß er eine abgesteckte Strecke gehen. Die Zeit wird gestoppt.

*Luftballonzwerg*
Wer alle Spiele erfolgreich durchgespielt hat, darf sich zum Schluß als Belohnung einen Luftballonzwerg basteln.

## Tücher-Tanz

Zum Abschluß tanzen die Kinder diesen Tanz. Wählen Sie eine ruhige Musik mit fließendem Rhythmus aus, das animiert zu langsamen Tanzbewegungen. Es gibt keine festgelegten Tanzschritte. Die Tänzer bewegen sich frei und spielen dabei mit ihren Tüchern: werfen sie hoch, lassen sie zu Boden gleiten, im Kreis schwingen, herumwirbeln, wie Wellen bewegen . . .

*Tanz*
Bei dieser einfachen Tanzform können auch Gäste mittanzen. Die Tänzer verteilen sich so, daß jeder sein Tanztuch weit schwingen kann und dem andern dabei nicht in die Quere kommt. Während des Tanzes bewegen sich alle nur auf ihrem Platz.
Wenn es den Kindern gefällt, können sie für ihr Kinderfest einen Tücher-Tanz mit festgelegten Tanzschritten üben. Wählen Sie dazu Chiffontücher in bestimmten Farben aus. Das sieht sehr schön aus!

**TIP:** Leihen Sie von anderen Kindergärten die Chiffontücher aus. Sie sind Spielmaterial für Rhythmik.

# 2. Kapitel

# Atemluft

# Wir atmen Luft

Wir können 40 Tage ohne Nahrung auskommen, 4 Tage ohne etwas zu trinken, aber nicht mal 4 Minuten halten wir es ohne Atemluft aus.
Doch mit der Beachtung ist es gerade umgekehrt: Unsere Atmung bemerken wir gar nicht mehr, das Trinken und Essen hingegen nehmen wir sehr wichtig. Woher das kommt? Unser Körper atmet von ganz allein. Da muß man nicht aufpassen, daß man das Atmen vergißt. Pünktlich und regelmäßig wird die Luft ein- und wieder ausgeatmet.
Diese Einrichtung unseres Körpers ist sehr sinnvoll, denn wir hätten viel zu tun, wenn wir alle 10 Sekunden an das Einatmen denken müßten.

## Bewußt einatmen und ausatmen

Die Kinder liegen auf dem Boden und legen ihre Hände auf den Bauch. Dann atmen sie ruhig und langsam durch die Nase ein. Sie spüren, wie die Luft durch die Nase gesogen wird und wie sich Bauch und Brustkorb mit Luft füllen und nach außen dehnen. Beim Ausatmen geht die Bauchdecke wieder zurück, Luft strömt durch die Nase aus dem Körper hinaus.

## Was passiert beim Atmen?

Wenn die Kinder danach fragen, können Sie den komplizierten Vorgang etwas vereinfacht erklären:
Unter dem Brustkorb ist die Lunge, dorthin kommt die Luft beim Einatmen. Der Brustkorb dehnt sich dabei aus, das können die Kinder fühlen. Es ist Platz gemacht worden für viel Luft, die dann eingesaugt wird. Das ist das Einatmen.
In der Lunge wird über kleine Lungenbläschen der Sauerstoff aus der Luft herausgeholt und ins Blut abgegeben. Beim Ausatmen drückt sich der Brustkorb zusammen, auch das können die Kinder spüren, und die restliche Luft wird ausgestoßen. Damit unser Körper aber nicht wie ein Luftballon mit jedem Luft-Einatmen voller und voller wird, geben wir beim Ausatmen zusätzlich die alte, verbrauchte Luft ab, die vorher im Körper war.

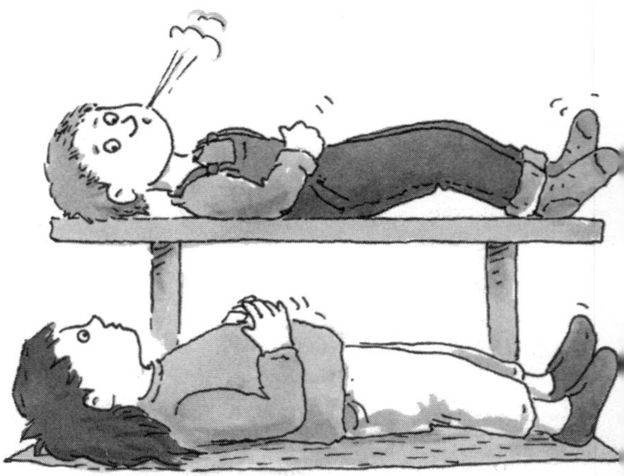

*Information für Schlaumeier:*
Beim Einatmen bewegt sich das Zwerchfell nach unten, und die Zwischenrippenmuskeln heben den Brustkorb. So entsteht ein Sog, der die Luft durch die Luftröhre in die Bronchien und schließlich zu den Lungenbläschen führt. Die Lungenbläschen erweitern sich und nehmen Sauerstoff auf. Durch die Wände der Lungenbläschen wird der Sauerstoff in die Blutkapillaren abgegeben, die den Sauerstoff mit Hilfe der roten Blutkörperchen abtransportieren.
Beim Ausatmen senkt sich der Brustkorb, das Zwerchfell bewegt sich nach oben, und die restliche Luft wird aus der Lunge herausgepumpt. Gleichzeitig verengen sich die Luftbläschen und stoßen Kohlendioxid aus, das sie vom Blut über die Blutkapillaren geliefert bekamen.

## Atemluft in der Tüte

Jedes Kind bekommt eine dünne Papiertüte. Jetzt heißt es tief Luft holen und in die Tüte ausatmen.
Also: Die Tüte aufblasen und schnell zuhalten!
Die Kinder betrachten ihre Tüte: „So viel Luft habe ich ausgeatmet!“ Denn nehmen sie die Tüte wieder vor den Mund und atmen über die Tüte ein – die Tüte zieht sich zusammen. Dann noch einmal ausatmen – die Tüte füllt sich ein zweites Mal.

**TIP:** Papiertüten können Sie in Reformläden oder beim Bäcker bekommen.

**TIP:** Auf die Frage „Was atmet der Mensch ein?“ kommt von Erwachsenen die spontane Antwort: „Sauerstoff!“ Das ist falsch. Wir atmen Luft ein! Allerdings verwerten wir in der Lunge nur den Sauerstoff der Luft.

# Atemluft spüren

Es ist für die Kinder nicht einfach, die Sache mit der Atemluft zu verstehen, denn das Ein- und Ausatmen machen sie nicht bewußt, und die Atemluft können sie nicht sehen.
Mit den nachfolgenden Spielen wird den Kindern ihre Atemluft „veranschaulicht".

### Den Atem hören

Mit offenem Mund atmen die Kinder geräuschvoll ein und aus. Diese Atemübung nicht zu oft und zu heftig ausführen, es könnte den Kindern schwindelig werden.

### Den Atem spüren

Die Kinder atmen über ihre Handfläche ein und aus. Dabei spüren sie, wie der Atem in den Mund eingesogen und wieder herausgeblasen wird.
Stärker spüren die Kinder diese Luftbewegung, wenn sie beide Hände vor Mund und Nase halten, den Mund wie zum Pfeifen spitzen und dabei ein- und ausatmen.
Auch hier gilt: Nicht zu heftig atmen!

### Den Atem im Körper hören

Ein Kind legt sich hin und atmet ruhig ein und aus. Ein anderes Kind horcht an der rechten Brustseite (auf der linken Seite würde der Herzschlag das Atemgeräusch übertönen) nach den Atemgeräuschen der Lunge. Wenn es rundum still ist, kann man deutlich die Saug- und Pumpgeräusche der Lunge hören. Eine aufregende Erfahrung für die Kinder!

*Ein Stethoskop*
Haben Sie die Möglichkeit, von einem Arzt ein Stethoskop auszuleihen? Dann könnten die Kinder das Ein- und Ausatmen noch viel besser hören.

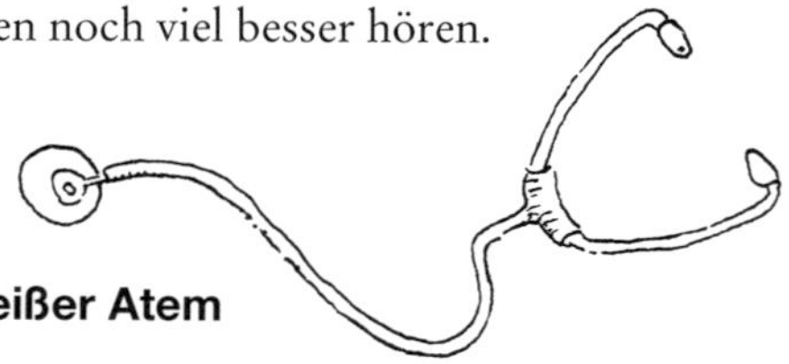

### Heißer Atem

Die Kinder atmen in die Handoberfläche aus und spüren, wie warm die Atemluft ist. Sie hat unsere Körpertemperatur.

### Feuchter Atem

Wenn die Kinder ein Glas oder einen Spiegel anhauchen, können sie sehen, wie sich das Glas beschlägt. Die Atemluft, die wir ausatmen, ist also feucht.

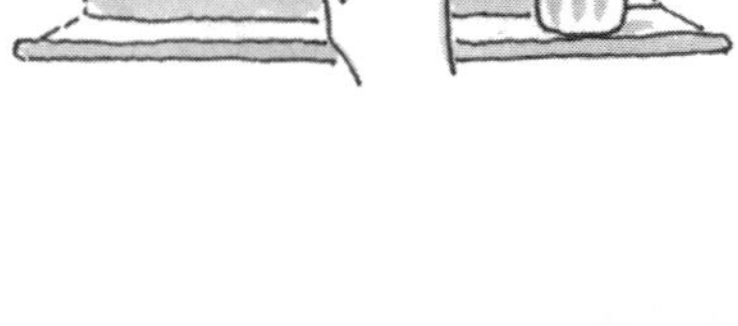

## Ein Atemluft-Meßgerät

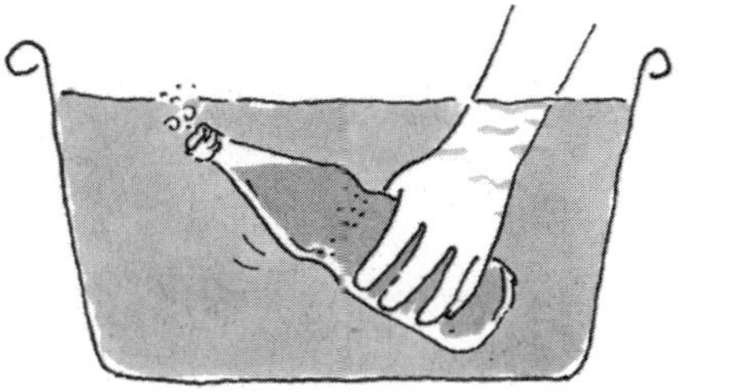

Dieses Meßgerät zeigt den Kindern, wieviel Luft sie in ihre Lunge aufnehmen und wieder auspusten können. Das ist erstaunlich viel!
Man braucht für dieses Experiment eine durchsichtige Flasche, zum Beispiel eine Mineralwasser-Flasche, einen dünnen, durchsichtigen Schlauch, mindestens 50 cm lang, und eine große Schüssel. Dann kann es losgehen:

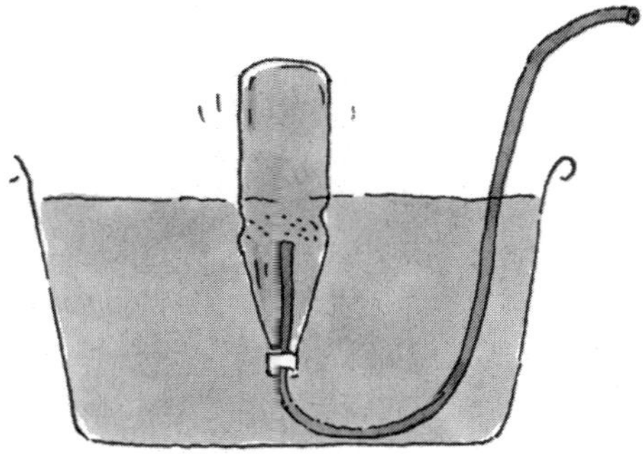

1. Die Schüssel mit Wasser füllen und das Wasser mit Wasserfarben oder Tinte einfärben;
2. die Flasche unter Wasser halten, bis sie ganz voll Wasser ist;
3. die Flasche mit der Öffnung nach unten senkrecht im Wasser aufstellen und den Schlauch unten in den Flaschenhals einführen;
4. und nun heißt es einmal tief Luft holen und kräftig in den Schlauch blasen. Die ausgeatmete Luft steigt als Luftblasen in der Flasche hoch und verdrängt das Wasser;
5. dann mit den Fingern das Schlauchende zuklemmen und den Schlauch aus der Flasche ziehen;
6. den neuen Wasserstand in der Flasche mit Filzstift an der Außenwand der Flasche kennzeichnen und daneben den Namen schreiben. Denn natürlich wollen alle Kinder dieses Experiment durchführen und ihren Atem messen.

# Pusten und Blasen

Diese Pustespiele machen großen Spaß. Und wenn es richtig lustig zugeht, kann der Spieler vor Lachen gar nicht mehr pusten! Man braucht keine besonderen Spielsachen dafür, eine Vorbereitung schon gar nicht, denn überall kann ein spannendes Puste-Wettspiel stattfinden.

**Puste-Torball**

Mindestens vier Spieler sitzen um einen Tisch. In der Mitte liegt ein Tischtennisball oder ein Papierknäuel. Auf ein Zeichen geht das Pustespiel los: Alle versuchen, durch Blasen den Ball bei einem anderen Mitspieler über die Tischkante zu bringen.

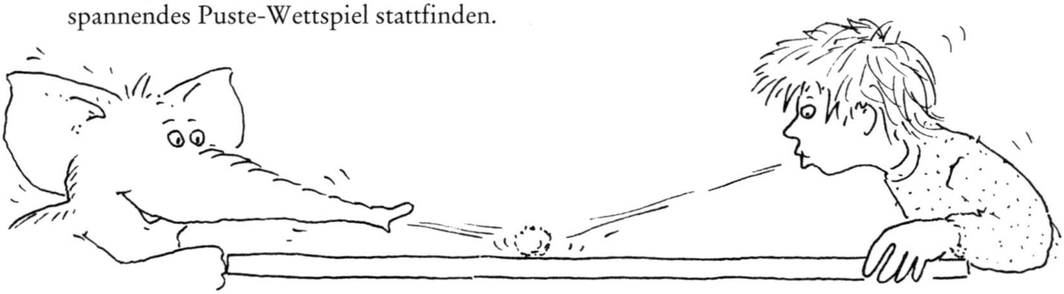

**Streichholzschachtel-Pusten**

Eine Streichholzschachtel vor den Mund halten und kräftig blasen. Wie eine Rakete saust die Innenschachtel davon. Das Ziel könnte eine aufgestellte Papierröhre sein.

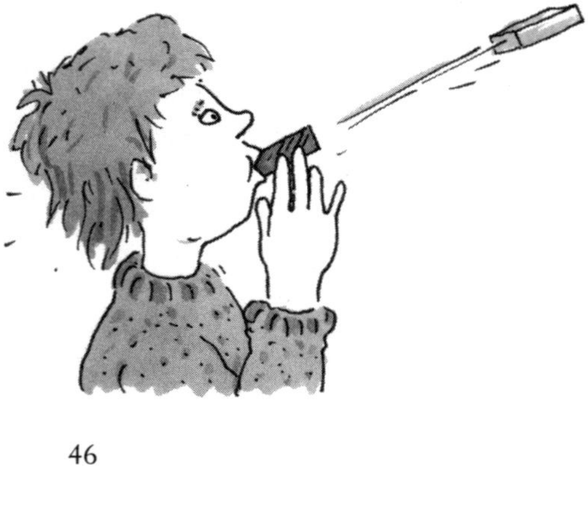

**Pustemännchen**

Ein Papier, etwa 5 x 10 cm groß, wird in der Mitte gefaltet, auf der einen Hälfte ein Männchen von vorne, auf der anderen Hälfte das Männchen von hinten aufgemalt. Schon kann der Tisch-Wettlauf beginnen. Schwieriger wird es, wenn Hindernisse aufgestellt werden, die das Pustemännchen umrunden muß.

## Ziel-Pusten

Jeder Spieler hat einen Trinkhalm und ein paar Streichhölzchen. Ein Streichholz wird in den Trinkhalm geschoben und mit Schwung hinausgeblasen. Blitzschnell saust das kleine Hölzchen durch die Luft – und, wenn gut gezielt wurde, auch in den Behälter, der in entsprechender Entfernung aufgestellt wurde.

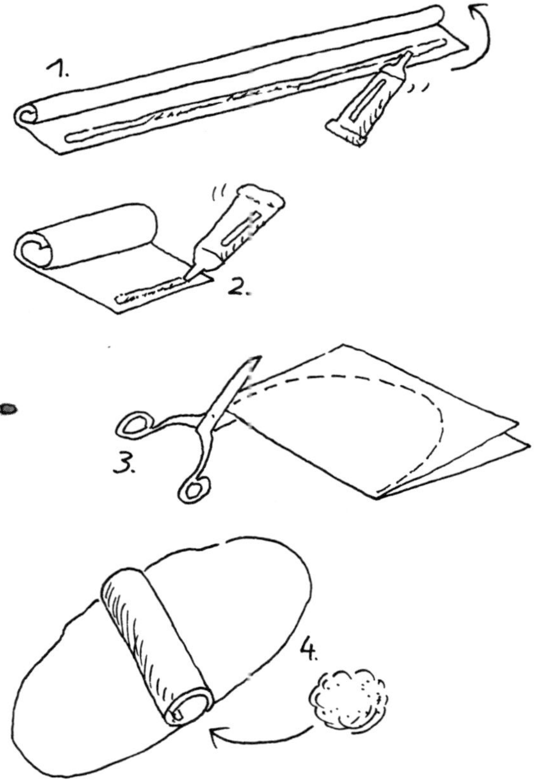

## Puste-Fliege

Man braucht einfaches Schreibpapier, Pergamentpapier, Watte und Kleber.

1. Das Pusterohr aus dem Schreibpapier dünn aufrollen und festkleben.
2. Den Fliegenkörper, ein etwa 8 x 8 cm großes Pergamentpapier, so aufrollen, daß er über das Pusterohr paßt.
3. Aus Pergamentpapier die Flügel ausschneiden: Papier in der Mitte falten, einen Flügel am Falz aufmalen und ausschneiden. Jetzt sind beide Flügel gleich groß.
4. Die Flügel auf den Fliegenkörper aufkleben, als Fliegenkopf die Watte vorne einkleben.
5. Die Puste-Fliege über das Blasrohr schieben, kräftig pusten – und mit Schwung fliegt die Fliege durch die Luft.

# Puste-Bilder

Das sieht sehr geheimnisvoll aus, wie der Farbtropfen beim Pusten über das Blatt Papier eilt und seine Farbspuren hinterläßt.

### Die Maltechnik

Man braucht dazu Papier, verdünnte Tusche oder Tinte, einen dicken Pinsel und einen Trinkhalm.

1. Auf das Papier mit dem Pinsel einen dicken Tintenklecks setzen.
2. Mit dem Trinkhalm auf den Tintenklecks blasen, so daß die Farbe auseinanderläuft. Ausprobieren!

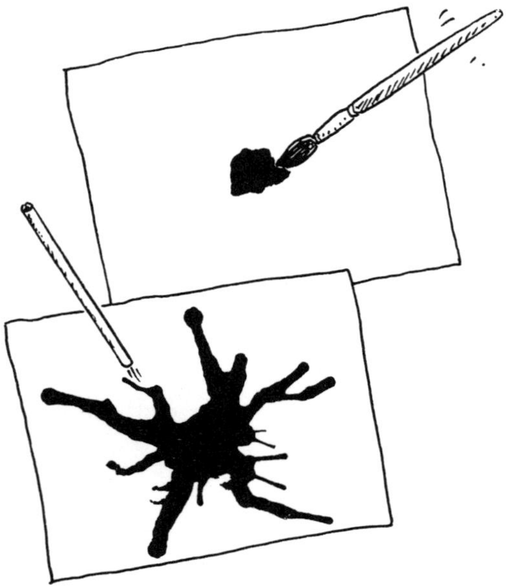

Mit etwas Geschick kann man den Tintentropfen so über das Papier blasen, daß eine Farbspur entsteht.

Man kann auch mehrere Tintentropfen in unterschiedlichen Farben auf das Papier träufeln und jeden Tropfen in der Mitte auseinanderblasen. Das sieht wie ein Feuerwerk aus.

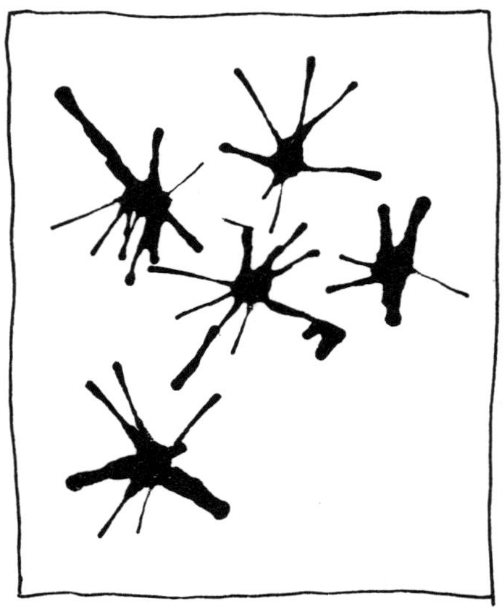

**So entsteht ein Baum**

Mit dem Pinsel und viel Farbe wird zuerst ein breiter Stamm gemalt . . .
. . . dann schnell weiterblasen, bevor die Tinte trocknet: Zuerst dicke Äste . . .
. . . dann dünne Zweige.

Wenn der Baum trocken ist, bekommt er mit Filzstift viele grüne Blätter.
Und dann? Ist es ein Apfelbaum, ein Birnbaum oder ein Kirschbaum?
Und wie sieht ein Traumbaum oder ein Wunschbaum oder ein Märchenbaum aus?

# Pfeifen, Flöten und Tröten

Blasinstrumente können die Kinder aus den unterschiedlichsten Dingen basteln. Das hier sind die einfachsten Modelle.

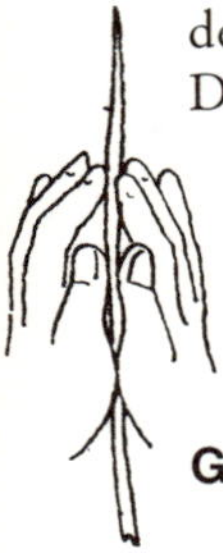

### Gras-Pfeife

Die Graspfeife kannten schon unsere Ur-Urgroßeltern, als sie Kinder waren. Ein Grashalm wird zwischen die Daumen geklemmt, so daß er ganz stramm sitzt. Dann tief Luft holen und kräftig in die Öffnung zwischen den beiden Daumen blasen. Nicht erschrecken – ein lautstarker, quäkender Pfeifton ist zu hören.

### Papier-Tröte

Einen Papierstreifen in der Mitte falten, ein kleines Loch in den Falz schneiden oder reißen, das Papier zwischen Zeigefinger und Mittelfinger klemmen, vor den Mund halten und durchblasen.
Nanu – wer trompetet denn da? Ein Elefant? Nein – es ist nur die kleine Papier-Tröte!

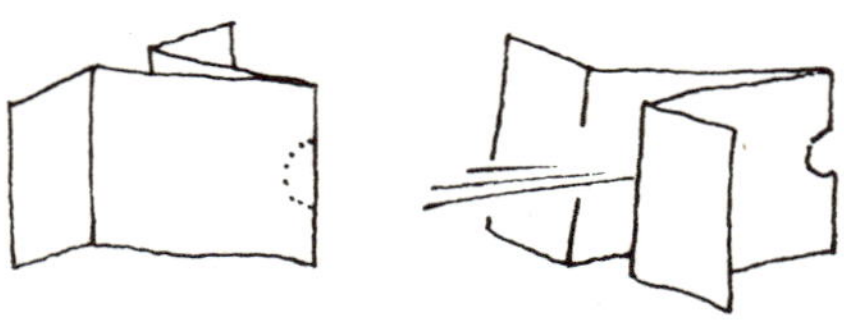

### Kamm-Tröte

Diese Kammtröte gefällt den kleinsten Musikanten, denn sie pfeift und quietscht nicht so erschreckend laut. Um einen Haarkamm ein Butterbrotpapier legen, die Kammflöte zart an die Lippen legen und durch das Papier summen. Die Stimme klingt ganz verzerrt.

### Flaschen-Flöte

Eine einfache Flasche kann wunderschön klingen. Das geht so: Den Mund an den Flaschenhals führen, die Mundwinkel anspannen und dann auf die Flaschenöffnung blasen, genauer gesagt, über die Öffnung hinweg blasen.
Wenn man die Flasche etwas mit Wasser füllt, verändert sich die Tonhöhe. Ausprobieren!

## Trinkhalm-Schalmei

Ein Ende des Halmes zusammendrücken, zurechtschneiden (siehe Zeichnung) und diesen Teil ganz in den Mund schieben.

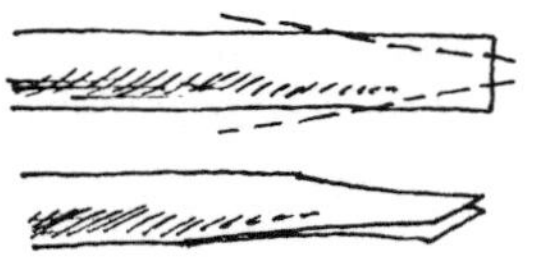


Wenn man jetzt mit einem kräftigen Stoß bläst, vibriert das Mundstück und gibt einen lauten Ton von sich. Noch lauter klingt es mit einem Joghurtbecher als Schallverstärker: Am Boden des Bechers ein Loch bohren, in das der Halm geklemmt wird.

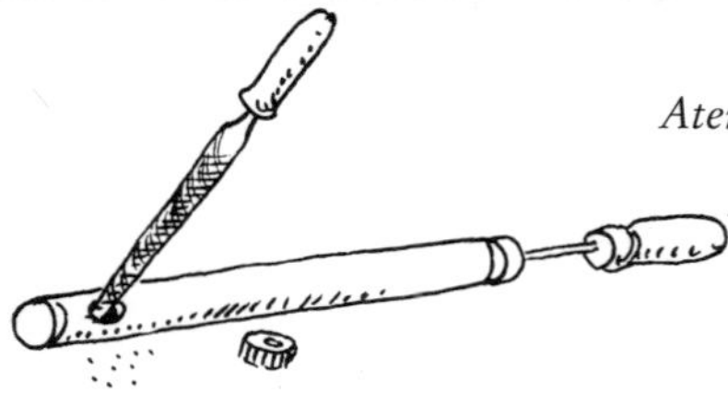

## Luftpumpen-Querflöte

Von der Luftpumpe das Blasventil abschrauben, den Rand des Loches mit einer Rundfeile glätten und abrunden, das Loch dabei etwas vergrößern. Geblasen wird wie bei der Flaschenflöte.

**TIP:** Ein schöner Flötenton entsteht, wenn man den Ton so bläst, als würde man dabei einen Kirschkern ausspucken.

## Gartenschlauch-Fanfare

Diese Fanfare klingt ganz echt, wenn man in das eine Ende des Schlauches ein Trompetenmundstück und in das andere Ende einen Trichter steckt. Die Fanfare kann kurz oder lang sein, entsprechend höher oder tiefer ist der Ton.
Ausprobieren!
Mit angespannten Mundwinkeln geht das Blasen besser. Auch in dieses Mundstück so blasen, als würde man dabei einen Kirschkern ausspucken wollen.

**TIP:** Trompetenmundstücke sind nicht teuer und in jedem Musikgeschäft zu haben.

# Pfeiflied

Text: Volker Ludwig
Melodie: Birger Heymann

Aus: Carsten Krüger/Volker Ludwig,
Maximilian Pfeiferling,
in: 3 mal Kindertheater, Bd. 1

# Wo ist denn die Atemluft?

In der Luft gibt es so allerhand, denn die Luft ist ein Gemisch aus:

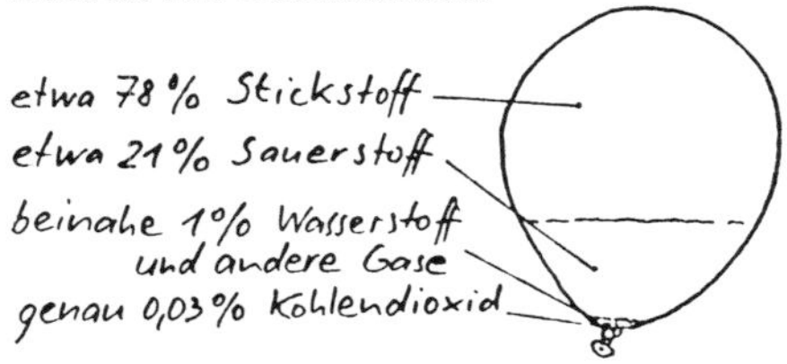


Doch das interessiert die Kinder wenig. Sie wollen vor allem mehr über ihre Atemluft wissen.

*Information für Schlaumeier:*
Stickstoff wurde so genannt, weil bei diesem Gas Feuer und Flammen ersticken. Sauerstoff ist nicht sauer, er heißt so, weil man früher dachte, er wäre der notwendige Bestandteil der Säuren. Kohlendioxid ist das Gas, das Menschen und Tiere ausatmen.

**Kerzen-Zauberei**

Gibt es Gespenster, die Kerzen unter Glas ausblasen können? Natürlich nicht! Und wenn die Kinder der Sache auf den Grund gehen, verstehen sie die Zauberei. Man braucht drei Teelichter, ein großes und ein kleines Marmelade- oder Gurkenglas, beide mit verschließbarem Deckel.



Die Kerzen werden angezündet, zwei davon auf die Deckel gestellt, die beiden Gläser darübergestülpt und im Deckelverschluß fest zugeschraubt.

*Das können die Kinder beobachten:*
Zuerst brennen alle Kerzen gleich stark, nach einiger Zeit erlischt die Flamme im kleinen Glas, als würde sie jemand ausblasen, bald darauf geht die Flamme im großen Glas aus. Die dritte Kerze brennt munter weiter.

*Die Erklärung:*
Die Flamme verbraucht beim Brennen „Atemluft", genauer gesagt Sauerstoff. Ist keiner mehr da, verlöscht sie.

**Achtung Kinder aufgepaßt!**

Auch für uns Menschen ist das Einatmen von Sauerstoff wichtig, lebenswichtig! Man darf niemals einen andern am Atmen hindern, auch nicht im Spiel oder aus Spaß!

## Wieviel Sauerstoff ist in der Luft?

Die Luft besteht nur zum Teil aus Sauerstoff. Und wieviel es ist, kann man den Kindern mit dem nächsten Kerzen-Experiment zeigen.

Man braucht dazu:

- eine Schüssel mit Wasser,
- Tinte, um das Wasser einzufärben, so daß die Kinder den Wasserstand besser sehen können,
- eine Kerze,
- ein hohes, schmales Glasgefäß (zum Beispiel ein Olivenglas),
- Knete.

Dann geht es los:
Die Kerze auf den Boden der Wasserschüssel mit Knete andrücken und (über dem Wasserstand) anzünden, auf den Rand des Glasgefäßes mehrere kleine Knetekügelchen andrücken und das Glas mit dem Rand nach unten ins Wasser und über die Kerze stülpen. Jetzt sitzt das Glasgefäß auf den Knetekügelchen auf und Wasser kann eindringen.

*Das können die Kinder beobachten:*
Die Kerze brennt einige Zeit, flackert dann und geht schließlich aus.
Gleichzeitig steigt das Wasser im Glas immer höher.

*Die Erklärung:*
Die Kerze verbraucht beim Brennen den Sauerstoffanteil der Luft, die unter der Glashaube war. Wieviel Sauerstoff das genau war, zeigt der neue Wasserstand im Glas.

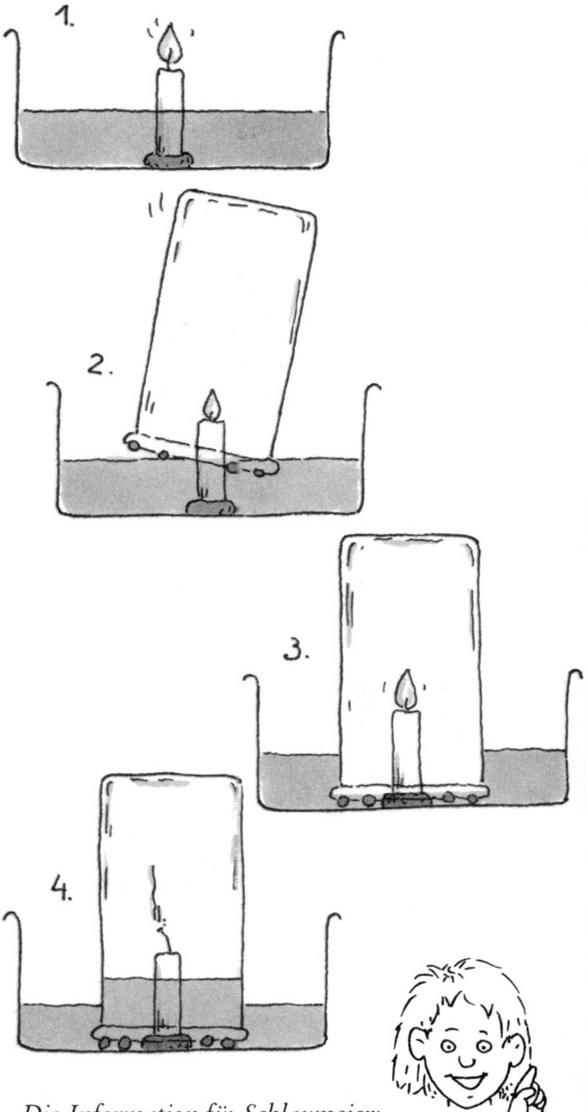


*Die Information für Schlaumeier:*
Durch den abnehmenden Sauerstoff entsteht unter der Glashaube ein Unterdruck, der die Sogwirkung auslöst. Das Wasser dringt in das Glas ein, bis dieser Unterdruck wieder ausgeglichen ist.

# Wer macht die Atemluft?

Wie kann man den Kindern klarmachen, welche große Mengen an Sauerstoff auf der Welt benötigt bzw. verbraucht werden?
Kinder im Kindergartenalter können Mengen und Zeiten noch nicht begreifen. Deshalb ein Vorschlag, wie Sie diese Begriffe den Kindern erklären können.

**Die ganze Welt braucht Sauerstoff**

Alle Menschen brauchen Luft zum Atmen. Die Kinder in der Gruppe, alle Kinder, die im Kindergarten sind, alle Leute draußen auf der Straße, alle Leute in den Häusern ringsum, alle Menschen in der Stadt, im ganzem Land – auf der ganzen, großen Welt!
Alle atmen sie und verbrauchen dabei Sauerstoff. Auch gestern benötigten die Menschen beim Atmen Sauerstoff ... und vorgestern ... und letzte Woche ... und letztes Jahr ... und alle Jahre vorher auch.
Doch damit ist es nicht genug! Denn auch alle Tiere brauchen Sauerstoff, auch sie atmen und leben. Die großen und kleinen Tiere, die Hunde und Katzen, die Pferde und Kühe, alle Vögel und sogar die kleinen Insekten und Krabbeltiere, aber auch der große Elefant in Afrika und der starke Löwe in der Grassteppe.
Alle Tiere benötigen Sauerstoff, damit sie leben können ... auch gestern ... und vorgestern ... und letzte Woche ... und letztes Jahr ... und alle Jahre vorher auch!
Dann gibt es noch die Heizungen in den Wohnungen: Damit sie brennen können, brauchen sie Sauerstoff, wie die Kerze (siehe Seite 54). Alle Autos brauchen Sauerstoff, damit der Motor läuft, und sogar Fabriken brauchen Sauerstoff für ihre Maschinen.
So viel Sauerstoff wird auf der Welt verbraucht!

### Geht die Atemluft mal aus?

Wenn die Kinder diese Beschreibung hören, wird schnell die berechtigte Frage auftauchen, ob der Sauerstoff nicht mal zu Ende geht, auch wenn die Luft bis zu den höchsten Bergen reicht (siehe Seite 32)? Jetzt können sie den Kindern den Vorgang der Photosynthese der Pflanzen erklären, zum Beispiel mit diesem anschaulichen Bild:

### Unsere „Atemluft-Fabriken“

Es sind die Pflanzen, die ständig wieder neu Sauerstoff nachliefern. Ihre grünen Blätter sind die „Fabrik-Hallen“, dort wird Sauerstoff gemacht. Sie brauchen dazu vier Dinge:

1. Wasser und Nährstoffe, das sie über die Wurzeln aus der Erde holen und über den Stamm zu den Blättern weiterleiten.
2. Licht, das die Sonne spendet.
3. Auch die Menschen und Tiere liefern etwas Wichtiges an die „Atemluft-Fabrik“, nämlich die verbrauchte Atemluft (Kohlendioxid).
4. Und etwas haben die Pflanzen in ihrer „Fabrik“ selbst bereitgestellt: Blattgrün (Chlorophyll).

Und jetzt kann die Arbeit in der „Sauerstoff-Fabrik“ losgehen:
Die Blätter haben winzig kleine Spaltöffnungen, damit nehmen sie aus der Luft das auf, was wir ausatmen. Dann geben sie Wasser dazu, holen sich Sonnenlicht und zusammen mit dem Blattgrün wird daraus Traubenzucker und Sauerstoff gemacht. Den Traubenzucker braucht die Pflanze selbst zum Wachsen und Leben, den Sauerstoff aber gibt sie her. Er wird über die Blätter an die Luft weitergeleitet.

Doch was passiert bei Nacht, wenn es keine Sonnenstrahlen gibt? Dann atmen die Pflanzen wie wir Menschen Sauerstoff ein und Kohlendioxid aus.
Kaum aber trifft der erste Sonnenstrahl auf einem Blatt auf, dann läuft die „Atemluft-Fabrik“ wieder an.

### Eine kleine Sauerstoff-Fabrik

Ein Glasgefäß wird mit Wasser und einem Schuß kohlensäurehaltigen Sprudel gefüllt. Dann gibt man eine Wasserpflanze dazu, zum Beispiel ein paar Wasserpestsprossen oder Laichkrautstengel, und stellt das Gefäß in die Sonne. Bald bilden sich kleine Luftbläschen an den Stengeln und Blättern. Es sind Sauerstoffbläschen. Sie steigen hoch und lösen sich an der Wasseroberfläche „in Luft auf“.

# Mit Pflanzen leben

## So ein Glück

... daß die Pflanzen ihren selbstgemachten Sauerstoff abgeben! Und das ist recht viel, zum Beispiel kann ein großer Baum mit vielen Blättern während eines Tages für 50 Menschen Atemluft produzieren.
Und was können wir dafür tun?
Ganz einfach: Mit den Pflanzen sorgsam umgehen und sie schützen, wo immer es geht!

## Pflanzen schützen

Das heißt für die Kinder zum Beispiel, auf große und kleine Pflanzen mehr achtgeben, nicht einfach zum Spaß Blätter oder Zweige abreißen, nicht mutwillig Büsche ausreißen oder kleine Bäume umknicken. „Pflanzen schützen" heißt für Kinder auch lernen, mit Pflanzen richtig umzugehen, zum Beispiel

- Pflanzen richtig gießen,
- Pflanzen umtopfen oder anpflanzen können,
- Pflanzen ziehen können,
- Pflanzen so aufstellen, daß sie ausreichend Sonnenlicht bekommen.

## Kinder-Gärtner

Am besten wäre es, wenn Sie im Kindergarten für die Kinder verschiedene Topfpflanzen aufstellen und im Garten eine kleine Pflanzenecke einrichten könnten. Dazu einige Vorschläge ...

## Zimmerpflanzen im Kindergarten

Wenn die Kinder so viel über Luft, Sauerstoff und Pflanzen gehört haben, dann wollen sie sicher auch in ihrem Gruppenraum mehr Pflanzen haben. Warum nicht? So lernen und üben sie, mit Pflanzen umzugehen.

Schon für die Auswahl der Zimmerpflanzen muß man einiges wissen und bedenken, zum Beispiel:
Es gibt Pflanzen, die viel Sonnenlicht brauchen, andere haben gerne Licht, können aber keine direkten Sonnenstrahlen vertragen, wieder andere bevorzugen schattigere Plätzchen. Es gibt Pflanzen, die viel Wasser brauchen, andere geben sich mit wenig Wasser zufrieden.
Wenn Sie für die Pflanzenpflege im Kindergarten nicht viel Zeit investieren wollen, dann sind Pflanzen zu empfehlen, die einfach zu pflegen sind, zum Beispiel Grünlilie, Zimmeraralie oder Zyperngras.

Wenn die Pflanzen an einem sonnigen Standort aufgestellt werden können, dann sind zum Beispiel Bogenhanf oder das Orangenbäumchen geeignet.

Wenn es im Gruppenraum nur schattige Ecken für die Pflanzen gibt, dann gedeihen dort zum Beispiel Farne und Palmen gut.
Und wenn die Kinder ein Pflanze wollen, die besonders schnell wächst, dann besorgen Sie eine Bananenpflanze; sie ist in wenigen Monaten so groß wie die Kinder.

# Die Atemluft-Detektive sind unterwegs

**TIP:** Gründen Sie mit Ihren Kindergarten-Eltern eine Initiativgruppe und bepflanzen Sie gemeinsam den Hof. Nicht vergessen: Die „Pflanzenaktion“ vorher mit dem Eigentümer des Geländes absprechen!

## Im Garten des Kindergartens

Die Kinder schauen ihren Garten einmal genauer an:

Wo sind Bäume?
Wo sind Büsche?
Wo sind Gräser?
Wo sind Blumen?

Kurzum: Wo sind die Pflanzen, die den Sauerstoff geben, den wir zum Atmen brauchen?

## Nur ein Hinterhof?

Wenn Sie nur einen gepflasterten Hof als Spielpaltz für die Kinder haben, dann wird es höchste Zeit, diesen zu begrünen, zum Beispiel mit Kletter- oder Kübelpflanzen. Oder Sie schaufeln wenigstens eine Hofecke frei, in die Sie einen Busch und ein paar Blumen einpflanzen.

## Wo ist das Grün?

Wie sieht es denn in der nächsten Umgebung des Kindergartens aus? Gibt es Bäume, Sträucher, Parks, Gärten? Das können die Kinder genauer erforschen. Machen Sie einen Rundgang um den Kindergarten. Wie Detektive schauen die Kinder überall nach den Pflanzen.

## Grüne Punkte für Atemluft

Bei ihrem Rundgang haben die Detektive eine Aufgabe: Sie verteilen grüne Punkte, das sind kleine, ausgeschnittene grüne Pappscheiben. Diese werden überall dort hingehängt oder aufgesteckt, wo die Kinder Grünanlagen, Gärten, einzelne Bäume, Büsche oder sonstige Bepflanzungen vorfinden.
Auf dem Rückweg werden alle grünen Punkte wieder eingesammelt, und Sie schreiben auf die einzelnen Pappscheiben den Standort.

## Wo die Grünanlagen sind

Die grünen Punkte werden weiter verwendet.
Zeichnen Sie zuerst auf einen großen Bogen Packpapier oder auf Plakatpapier die Wegstrecke, die Sie mit den Kindern gegangen sind. Dann kleben Sie mit den Kindern alle grünen Pappscheiben auf diesen Plan. Die entsprechenden Standorte sind ja auf den Pappscheiben notiert. Dann betrachten die Kinder den Plan und diskutieren darüber:

- Wo sind viele grüne Punkte?
- Wo fehlen sie?
- Gibt es Gründe dafür?
- Könnte man daran etwas ändern?
- Wie wünschen sich die Kinder die Umgebung des Kindergartens?

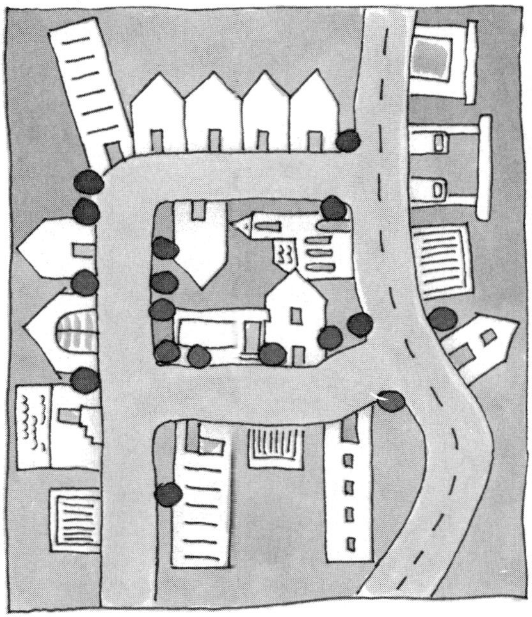

# Was wir sonst noch alles einatmen

Die Luft enthält neben Sauerstoff oder Stickstoff noch andere Teilchen, die wir sehen können ... und nicht sehen können, die schädlich sind ... und nicht schädlich sind. Da gibt es zum Beispiel den Blütenstaub aus der Natur, aber auch den Kohlenstaub aus Fabriken. Da gibt es die Rauchwolke eines Vulkans, aber auch die Rauchwolke eines Fabrikschlotes.

Wenn Sie das Thema der Luftverschmutzung mit den Kindern durchsprechen wollen, sollten Sie sich über die Art und Weise der Informationsvermittlung klar sein: Auf keinen Fall dürfen die Informationen den Kindern Angst machen. Kinder brauchen eine Zukunft! Wenn die Kinder den Eindruck bekommen, daß sie an der Umweltsituation nichts ändern können, fühlen sie sich ausgeliefert und ohnmächtig. Das macht ihnen Angst. Andererseits gehört zum Naturschutz-Lernen auch das Wissen um die Gefahren und die Kenntnisse darüber, was man ändern könnte und wie man sich selbst schützen kann. Unter diesem Aspekt gibt es für die Kindergartenkinder Interessantes zu erzählen. Es sind Informationen, die sie verstehen und die ihnen zeigen, daß auch Kinder etwas tun können.

## Staub und Rauch

Die Kinder können den Staub sehen, wenn ein Sonnenstrahl in einen dunklen Raum fällt, zum Beispiel durch einen Spalt im geschlossenen Fensterladen. Man sieht die Staubteilchen in der Luft tanzen. Auch den Rauch können die Kinder sehen, zum Beispiel die dünne Rauchfahne einer ausgeblasenen Kerze, den dicken Rauch, der aus Schornsteinen der Häuser aufsteigt, die dunkle Rauchschwade, die aus den hohen Fabrikschloten herausquillt, der stinkende Rauch, der aus den Auspuffen der Autos ausgestoßen wird und – nicht zu vergessen, der alltägliche Zigarettenrauch, der in den Räumen wie eine Nebeldecke schwebt.

## Alltagsgift: Zigarettenrauch

Die Schädigung durch passives Mitrauchen ist um vieles höher als der Schaden, dem sich der Raucher durch Inhalieren aussetzt. Sprechen Sie mit den Raucher-Eltern ihrer Kinder und informieren Sie an einem Elternabend über den Schaden, den das Kind als gezwungener Mitraucher bekommt.

## Wie Kinder sich schützen können

Staub und Rauch gelangen mit dem Einatmen in die Lunge. Größere Luftteilchen können wieder abgehustet werden, doch die winzigkleinen Teilchen dringen bis zu den Lungenbläschen vor, verstopfen sie und führen zu Erkrankungen der Atmungsorgane. Manche Gase kommen über die Lungenbläschen ins Blut und richten schwere gesundheitliche Schäden an.
So gilt es, die Kinder darauf aufmerksam zu machen, daß sie schlechte Luft nicht erdulden müssen, sondern sich wehren und etwas dagegen tun können!

*Schlechte Luft*
Wenn in einem Zimmer „schlechte Luft" ist, was meistens verbrauchte Luft bedeutet – dann können die Kinder die Fenster öffnen oder den Raum verlassen und draußen vor der Haustür einen „Schnapp" frische Luft holen. Schon geht es ihnen besser.

*Staubige Luft*
Wenn viel Staub aufgewirbelt wird, zum Beispiel der Straßenstaub, den der Wind hochwirbelt, oder der Staub, der von Maschinen verursacht wird – dann können die Kinder ein Taschentuch oder die Hand vor Mund und Nase halten. Dadurch wird verhindert, daß beim Luftholen auch diese Staubteilchen eingeatmet werden.

*Dicke Luft*
Ist die Luft dunkel, rußig und staubig – dann schnell ein Taschentuch oder die Hand vor Mund und Nase halten, ins Haus gehen, die Fenster schließen, die Erwachsenen darauf aufmerksam machen und nach der Ursache fragen.

*Rauchige Luft*
Das kann der Zigarettenrauch sein, oder der Rauch des Grillfeuers, des kaputten Ofens oder des schlecht funktionierenden offenen Kamins; was immer es ist – die Kinder sollten versuchen, den Rauchwolken auszuweichen: Die Hand vor Mund und Nase halten, Fenster öffnen oder den Raum verlassen. Auf jeden Fall nicht sitzenbleiben!

*Stinkende Luft*
Sind es die Abgase von Autos – dann als Fußgänger zur Seite gehen, als Mitfahrer die Lüftung im Auto oder die Autofenster schließen lassen. Sind es die Abgase einer Fabrik, dann die Erwachsenen nach den Ursachen fragen und erkundigen, was zu tun sei.

*Reine, gute, frische Luft*
In den Bergen, im Wald, in Parks mit vielen Bäumen, nach einem Regenguß oder Schneefall, da ist die Luft herrlich sauber – dann endlich können die Kinder tief durchatmen!

# Ein Duft liegt in der Luft

Wer kennt nicht den herrlichen Geruch von frischen Brötchen, von Kaffee und Kuchen. Wir können diesen Duft riechen, obgleich wir gar nichts sehen, weder die Brötchen, noch Kuchen oder Kaffee. Die Luft trägt uns den Duft zu, und mit dem Einatmen nehmen wir ihn auf.
Vielleicht überraschen Sie die Kinder mit einem Kuchenduft im Gruppenraum als Animation für die Schnüffelspiele.

**Schnupper-Ausflug**

Jetzt geht es hinaus in den Garten, die Straße entlang und um den Häuserblock. Wie riecht es da? Die Kinder schnuppern in alle Ecken und nehmen interessiert den Geruch auf.
Ein besonderes Schnupper-Erlebnis wird für die Kinder, wenn Sie mit ihnen auf einen Gemüsemarkt gehen oder eine Ladenstraße entlang bummeln, in der es Bäcker, Metzger, Friseure, Blumenläden und Modeläden gibt. Das gibt ein Schnuppern, Schnüffeln und Riechen!

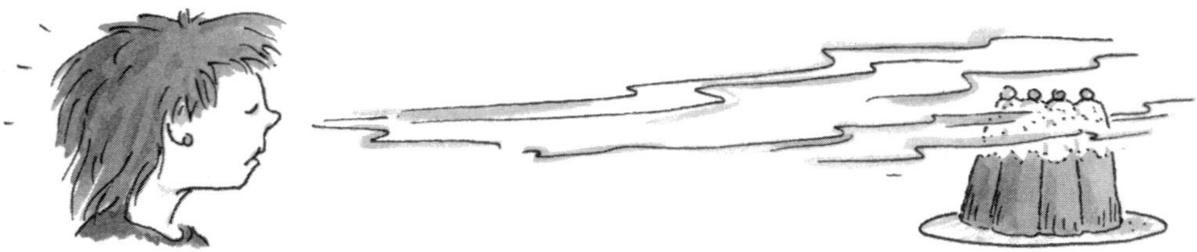

**Schnüffel-Nasen**

Im Kindergarten gibt es viel zu riechen, und die Kinder ziehen gemeinsam los, um das ganze Haus mit ihrer Schnüffel-Nase zu erkunden. Wie riecht es im Gang, in der Küche, im Waschraum, im Keller, in der Bastelmaterialkammer?
Dann geht es ins Detail. Wie riecht die Puppenecke, die Bauklotzkiste, die Knete-Schublade, der Farbenkasten ...? Die Kinder stecken überall ihre Nase hinein und erzählen, wie sie den Geruch finden. Sabine ist sich sicher: „Kellergeruch ist mein Lieblingsgeruch. Wenn das ein Essen wäre, wäre es mein Lieblingsessen!“

**Riechwörter suchen**

Es ist nicht einfach, Gerüche mit Worten genau zu beschreiben. Geben Sie den Kindern ausreichend Wortmaterial, zum Beispiel würzig, streng, fein, scharf, süßlich, säuerlich ...
Einfacher ist es, wenn Vergleiche gezogen werden, zum Beispiel: „Es riecht nach Kuchen, nach Gras, nach Katze, nach Gummibällen, nach Zahnarzt ...
Lustig wird es, wenn die Kinder phantasievollere Begriffe einsetzen. Dann riecht es zum Beispiel wie Geburtstag, wie Schulanfang, nach Ferien, nach Oma, nach Prinzessin, nach Rosarot ...

## Riech mal!

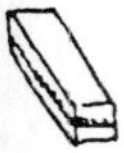

Dies ist ein lustiges Spiel, das die Kinder gerne und mit großer Aufmerksamkeit spielen.
Viele, interessant riechende Gegenstände werden zusammengetragen, zum Beispiel Knete, Holzauto, Blumentopf, Wurstbrot, Apfel, Radiergummi, Malstift, Bilderbuch ...

Alle Kinder helfen beim Einsammeln und überprüfen dabei schnuppernd, ob die Gegenstände einen erkennbaren Geruch haben.

*Spiel*
Die Kinder sitzen im Kreis, alle Schnupper-Gegenstände liegen in der Mitte. Ein „Schnupper-Kind" macht die Augen zu oder bekommt ein Tuch über die Augen gebunden, ein anderes Kind nimmt einen Gegenstand und hält es dem Schnupperkind vor die Nase: Riech mal! Wurde richtig geraten, werden die Rollen getauscht.

*Achtung:* Kinder nicht an Alkohol, Benzin, Flaschen-Kleber u. ä. riechen lassen. Auf „Schnüffelkinder" achten!

## Schnupper-Dosen

Ein aufregendes Spiel, denn es ist nur etwas zu riechen, aber nichts zu sehen: Der Duft liegt in der Luft!
Sie brauchen für dieses Spiel Watte, mehrere kleine Gläschen mit Deckel oder durchsichtige Filmdöschen, in denen Filme abgepackt waren, sowie verschiedene ätherische Öle. Beträufeln Sie ein Stück Watte mit einem Duftöl, stecken die Watte in ein Glas oder Döschen und verschließen es. Nehmen Sie einen Tag später die Watte wieder heraus und verschließen die Schnupper-Dose gut. Jetzt riecht es in der Dose nach dem Öl – aber nichts ist mehr zu sehen.

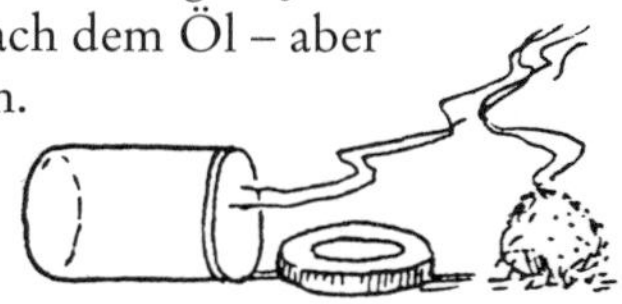

*Spiel*
Reihum werden den Kindern die Dosen oder Gläser gegeben. Sie öffnen die Schnupper-Dose und nehmen eine Nase voll Duft auf. Wer kennt den Duft? Danach die Dose schnell verschließen, damit nicht so viel Duft entweicht, im Raum sich verbreitet und ein wildes Duft-Durcheinander entsteht.

## Riech-Domino

Jeweils zwei Dosen bekommen den gleichen Duft. Wer findet die Duft-Paare?

**TIP:** Was die Kinder gerne riechen sind zum Beispiel Fichtennadelöl, Orangenöl, Lavendelöl, Pfefferminzöl, Zimtöl.

# 3. Kapitel

# Wind und Wetter

# Was ist das für ein Wetter heut!

Wenn es um das Haus pfeift und die Fensterläden klappern, wenn Staub auf den Straßen aufgewirbelt wird, wenn die Bäume sich biegen und die Äste sich wiegen – dann ist er da, der Wind! Man kann ihn hören, spüren und sehen, wie er mit der Natur spielt. Und wie die Kinder mitspielen können, das zeigt dieses Kapitel.

### Hurra, der Wind ist da!

Regt sich draußen ein leichter Wind, schleicht er vielleicht ums Haus und schaut nach, ob die Kinder mit ihm spielen wollen?
Oder kommt ein stürmischer Wind angesaust und pfeift nach den Kindern, um auf sich aufmerksam zu machen, damit sie herauskommen und mit ihm spielen? Dann machen Sie die Kinder auf diesen Wind aufmerksam, erzählen Sie mehr von ihm und was er so alles treibt.
Und jetzt heißt es Jacken an, Schuhe an – und nichts wie hinaus!

### Den Wind spüren

Die Kinder rennen in den Garten oder Hof, breiten die Arme aus und begrüßen den Wind!
Spüren sie, wie der Wind ihnen in die Handflächen bläst? Wie er ihnen übers Gesicht streichelt? Wie er ihnen sanft die Haare zerzaust? Wie er sie am Jackenärmel zupft? Wie er um ihre Beine streicht? Was spüren die Kinder noch?

### Versteckspiel mit dem Wind

Wo hat sich denn der Wind versteckt? In den Bäumen, zwischen den Zweigen, an der Schaukel, im Sandkasten ... eben dort, wo sich etwas bewegt!
Auch die Kinder verstecken sich, zum Beispiel hinter der Hausecke, unter dem Busch oder am Hauseingang. Wird der Wind sie finden?
Das werden die Kinder spüren, wenn er ihnen ins Gesicht bläst!
Doch der Wind schaut nicht in jede Ecke. In manchen Nischen ist es windstill.

# Wind, Wind blase

Text: Bernd Kohlhepp
Melodie: Jürgen Treyz

Wind, Wind blase,
mach mir 'ne kalte Nase,
mach mir ein kaltes Backenpaar,
denn so was find' ich wunderbar

Wind, Wind, wehe,
mach mir 'ne kalte Zehe.
Kälte macht mir gar nichts aus,
ich wärme mich ja gleich zuhaus.

Wind, Wind, brause,
jetzt geh' ich doch nach Hause,
ich setz' mich auf die Ofenbank,
die wärmt mich wieder, Gott sei Dank!

# Den Wind hören

Wenn der Wind da ist, dann kann man ihn hören. Seine Geräusche sind verschieden: Mal brüllt er laut, mal flüstert er leise. Die Kinder hören genau zu. Wie klingt die Stimme des Windes heute? Die Kinder versuchen, das, was sie hören, mit Worten zu beschreiben.

## Wind-Wörter

Der Wind pfeift und zischt, summt und brummt, sirrt und surrt, brüllt und tobt, flüstert und säuselt, und manchmal haucht er nur . . .
Er kann laut und leise, dröhnend und ohrenbetäubend, fein und zart klingen. Den Kindern macht es Spaß, diese Wind-Wörter zu lernen, denn sie klingen besonders lautmalerisch.
Vielleicht erfinden die Kinder neue Wind-Wörter, die noch viel phantastischer klingen!

## Den Wind nachahmen

Dieses Summen, Zischen und Pfeifen des Windes ahmen die Kinder mit ihren Stimmen nach. Das hört sich ziemlich echt an:

- Es beginnt mit einem leisen Zischen durch die Zähne . . . es wird lauter . . . und lauter . . . ein Summen und Brummen kommt dazu . . . und schließlich ist noch ein immer lauter werdendes Pfeifen zu hören, das von ein paar Pfeif-Künstlern ausgeführt wird.
- Ist der musikalische Höhepunkt erreicht, werden die Wind-Geräusche wieder leiser . . . und leiser . . . zum Schluß ist nur noch ein feines Zischen zu hören . . . schließlich sind alle ganz still.

Bei diesem Zischen und Pfeifen kann einem ganz windig-kalt werden. Wenn den Kindern dabei eine Gänsehaut über den Rücken läuft, dann war es echte Wind-Musik!

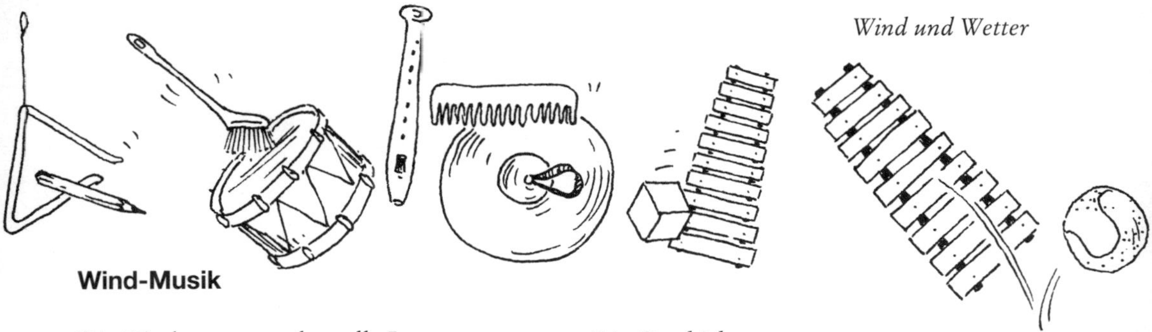

## Wind-Musik

Die Kinder untersuchen alle Instrumente nach ihrem Klang und probieren verschiedene Windgeräusche aus. Dabei können sie ganz verrückte Spielmöglichkeiten erfinden, zum Beispiel:

- Mit einer Spülbürste über das Trommelfell reiben;
- mit dem Kamm über das Becken ziehen;
- mit dem Bauklotz über die Klangstäbe des Metallophons fahren;
- mit dem Tennisball über das Xylophon rollen;
- mit dem Malstift an der Triangel entlangreiben;
- in die Flöte von unten her hineinblasen.

*Die Geschichte*

Sie erzählen eine kleine Geschichte, und die Kinder spielen parallel dazu auf ihren Instrumenten, zum Beispiel so: „Ein leichter Wind tanzt herbei ... raschelt mit den Blättern ... streicht über die Gräser ... er wird stärker ... pfeift ums Haus ... er wird heftiger ... schüttelt die Bäume ... er wird lauter ... tobt durch die Straßen ... er brüllt laut ... so laut er kann ... dann wieder leiser ... und leiser ... und sanfter ... und sanfter ... er ist schon beinahe verschwunden ... jetzt ist er weg ... es ist ganz still ... windstill.“

# Den Wind sehen

Eigentlich kann man den Wind gar nicht sehen. Aber man kann sehen, was er bewegt (siehe Seite 68).

Wenn es einmal so richtig schön windet, machen Sie mit den Kindern einen kleinen Spaziergang rund um den Häuserblock, in den nächsten Park oder zur Straße um die Ecke. Bleiben Sie überall stehen, wo es etwas zu sehen gibt, und lassen Sie die Kinder beobachten, was der Wind so alles anstellt!

Wenn die Kinder mit Mützen und Schals warm angezogen sind, ist es nicht schlimm, daß ihnen der Wind um die Nase weht und auch eine kalte Nase macht (siehe Lied Seite 69). Nach dem Wind-Spaziergang gibt es für alle „Rotnasen“ einen heißen Früchtetee.

**Der Wind ist ein Schelm**

Ja, was macht denn dieser Wind? Er knallt Türen zu, kippt Mülleimer um, leert Papierkörbe aus, bläst Mäntel auf, reißt Hüte vom Kopf, kippt Stühle um, wirft Blumentöpfe vom Balkon, zerrt an Wäscheleinen, läßt die Wäsche flattern, wirbelt Röcke hoch, nimmt am Kiosk Geldscheine mit, rüttelt an Gartentoren …

Es gibt so viel zu beobachten, und manches ist zum Kichern und Lachen! Der Wind ist eben ein Schelm!

**Wind-Pantomime**

Lustig geht es zu, wenn die Kinder die Streiche des Windes in einem Pantomime-Spiel nachahmen. Ob der Wind eine eigene Rolle bekommt oder ob nur das gezeigt wird, was er anstellt, die Spielform bleibt den Schauspielern überlassen.

*Die Rolle des Windes*
Der Windschauspieler kann zum Beispiel mit dicken Backen heftig blasen, er kann sich wie ein Wirbelwind drehen, mit wehenden Armen losziehen oder wild hüpfend in Aktion treten.

*Die anderen Rollen*
Die anderen Spieler zeigen pantomimisch, was der Wind mit ihnen anstellt. Zum Beispiel versuchen sie, aufgeregt ihren Hut einzufangen oder wütend den Stuhl festzuhalten, sie ärgern sich, daß die Haustüre zugeknallt ist oder daß der Wind ständig am Kleidungsstück zerrt, sie versuchen, immer wieder die Tischdecke aufzulegen oder streichen zum wiederholten Male die herumgewirbelte Wäsche an der Wäscheleine glatt.

*Das Pantomime-Spiel*
Zwei oder drei Künstler stellen eine kleine Szene dar, die Zuschauer raten, was passiert!

# Ein kleiner, wilder Wirbelwind

Text: Bernd Kohlhepp
Melodie: Jürgen Treyz

### Ein kleiner wilder Wirbelwind

Ein kleiner, wilder Wirbelwind
war frecher als sonst Winde sind,
war mutig ohne Maßen
und wollt 'nen Baum umblasen.

Er blies und stürmte fürchterlich,
doch keiner von den Bäumen wich.
Da regte sich im Baum kein Ast,
kein Zweig, die Blätter höchstens fast.
Nur ein altes, welkes Blatt
das fiel dabei vom Baume ab . . .

Ein kleiner, wilder Wirbelwind
war wilder als sonst Winde sind,
war mutig ohne Maßen
und wollt ein Haus umblasen.

Wie blies er nun – wie tat er weh'n,
doch alle Häuser blieben steh'n.
Da grämte sich das Windlein sehr
und stürmte dann noch etwas mehr.
Nur der Rauch auf einem Dach,
den verwirbelte es schwach . . .

Ein kleiner, wilder Wirbelwind
war frecher als sonst Winde sind,
war mutig ohne Maßen –
und wollt nun Leute fortblasen.

Da blies er grad nochmal so gut,
und stürzte sich auf jeden Hut.
Doch keinen blies es dabei fort,
es blieben alle Leute dort,
gingen auf die grüne Wiese
und lobten nur die frische Brise.

Ein kleiner, wilder Wirbelwind
war müder als sonst Winde sind.
„Dann bin ich eben“ – sagt er sich
„mehr angenehm als fürchterlich!“

# Mit dem Wind spielen

Der Wind spielt! Er tanzt mit den Blättern, er wirft Sand und Staub hoch, er schaukelt an den Ästen oder malt mit dem Rauch in der Luft Linien ... Mit Papier spielt er besonders gern. Wenn er einmal ein Stück Papier zu fassen bekommt, dann geht es los: Er wirbelt es hoch, dreht es um, läßt es flattern, hochschweben, herabschaukeln, weiterfliegen ...
Haben die Kinder Lust, zusammen mit dem Wind Papierspiele zu spielen? Bei diesen Spielsachen hier folgend klappt es bestimmt!

### Nur ein Blatt Papier

Die Kinder suchen Papiere in verschiedenen Größen und Stärken aus, auch verschiedene Papiersorten wie festes Schreibpapier, feines Seidenpapier, dünnes Pergamentpapier, kräftiges Krepppapier oder Buntpapier. Mit welchen Papieren spielt der Wind am liebsten? Ausprobieren!

### Fallschirm

Ein Papiertaschentuch wird an allen vier Ecken verknotet. Um diese Knoten bindet man jeweils einen etwa 30 cm langen Faden, knüpft alle Fadenenden zusammen und hängt eine Perle oder einen Korken an. Der Fallschirm wird zusammengeknäuelt und hochgeworfen. Gleich kommt der Wind daher, fängt den kleinen Fallschirm auf und spielt mit ihm: läßt ihn schaukeln, trägt ihn ein par Schritte weiter und läßt ihn langsam zu Boden schweben.

**TIP:** In die Mitte des Fallschirms ein pfenniggroßes Loch einschneiden, dann fliegt er noch besser!

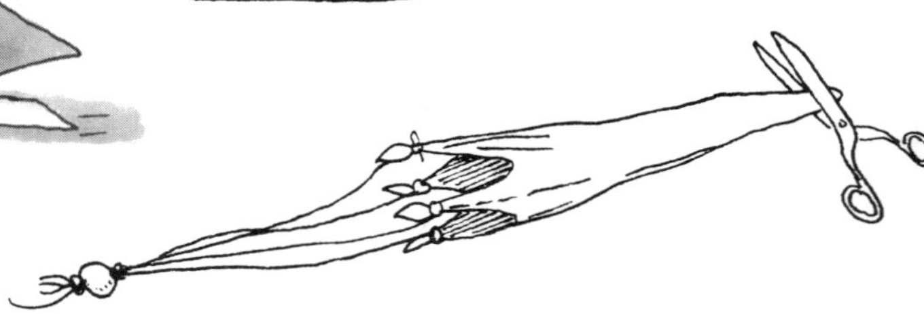

## Frisbee-Scheiben

Das ist die einfachste Frisbee-Scheibe der Welt: Die Kinder brauchen nur einen Pappteller – und fertig los – schon können sie ihre Frisbee-Scheibe durch die Luft sausen lassen. Wenn das der Wind sieht, dann will er natürlich mitspielen! Was wird er machen? Bunt angemalt sehen die Pappteller noch toller aus!

## Papierrad

Aus Kartonpapier einen Kreis von etwa 15 cm Durchmesser ausschneiden, einmal zur Hälfte falten und von der Mitte der Faltlinie aus mehrere Zacken bis zum Rand einschneiden, auch an der Faltlinie entlang schneiden. Aufgepaßt, ein Rand von etwa 2 cm muß stehen bleiben. Den Kreis auseinanderfalten und die Zacken abwechselnd mal rechts mal links nach außen knicken. Das Rad auf den Boden stellen, leicht anrollen – und schon fängt der Wind das leichte Papierrad auf und treibt es weiter!

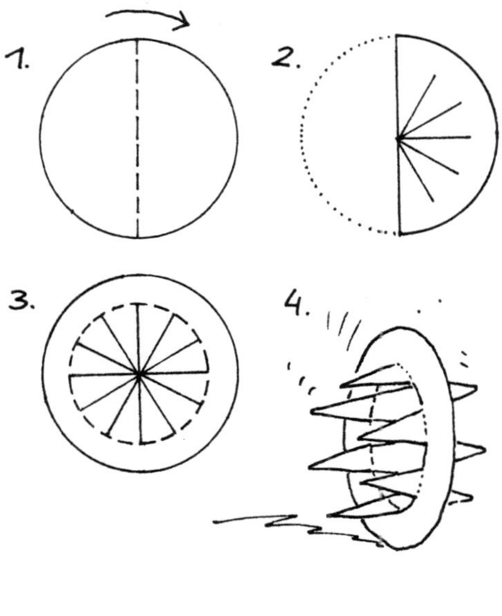


## Windball

1. Aus Papier drei gleichgroße Scheiben ausschneiden und so einschneiden, wie auf der Zeichnung zu sehen ist.

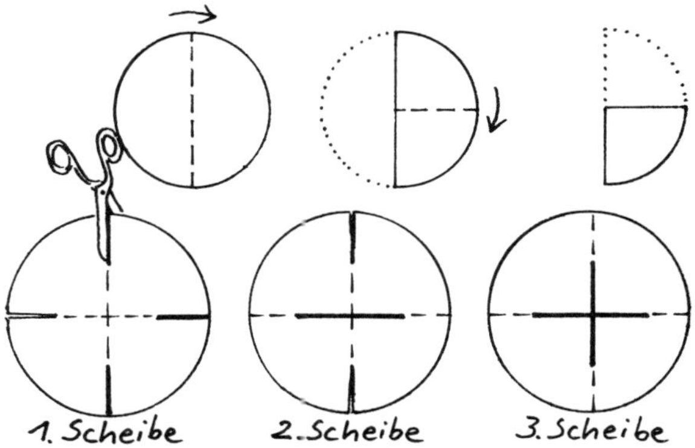


2. Die erste Scheibe zusammenrollen, in den Mittelschlitz der zweiten Scheibe stecken und auseinanderfalten. Jetzt sieht es schon wie ein einfacher Ball aus.

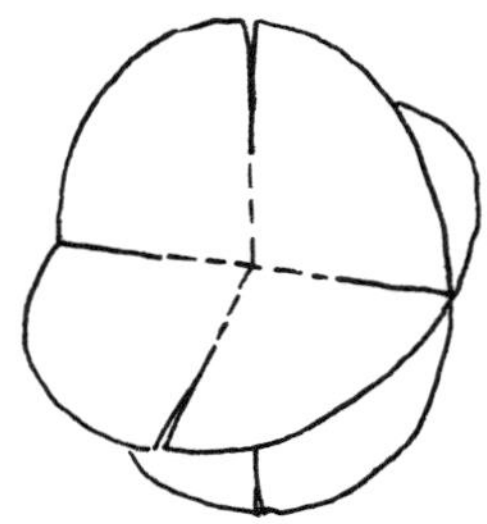

3. Die beiden ineinandergesteckten Scheiben flach aufeinanderlegen und zusammengerollt durch das Mittelkreuz der dritten Scheibe stecken. Dann auseinanderfalten.

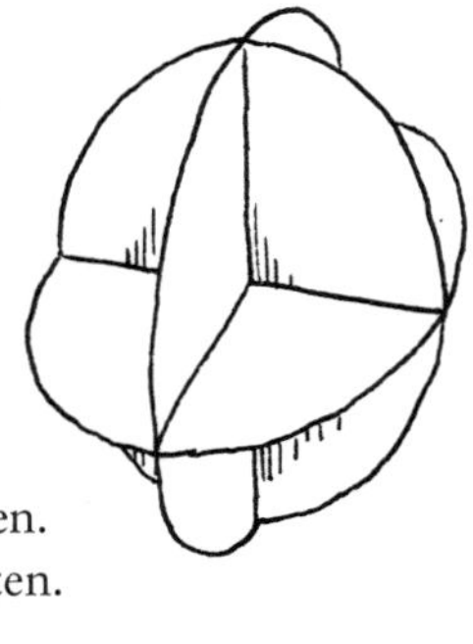

# Wenn die Luft warm wird

.. steigt sie nach oben. Das können die Kinder mit diesen Spielsachen selbst erforschen.

### Luftschlangen

Aus Schreibpapier einen tellergroßen Kreis ausschneiden, von außen nach innen eine Spirale und zusätzlich eine gestrichelte Mittellinie zeichnen. Jetzt bekommt die Schlange ihr buntes Schlangenmuster aufgemalt, wird ausgeschnitten und entlang der Mittellinie geknickt, auch den Schlangenkopf in Form knicken. Am Kopf einen dünnen Faden befestigen und die Schlange direkt über einem Heizkörper oder einer Glühbirne (Lampenschirm einfach umdrehen) aufhängen.

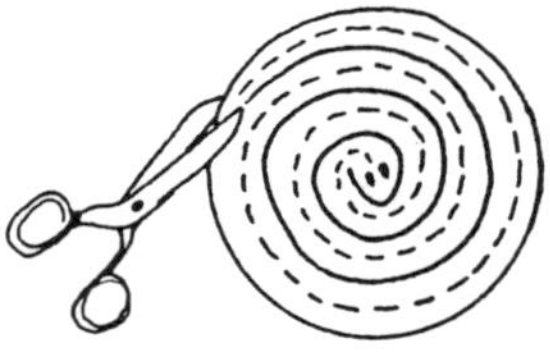

*Das beobachten die Kinder:*
Die Luftschlange dreht sich. Sie wird von der warmen Luft bewegt. Die Warmluft erreicht die Papierschlange, obgleich die Schlange hoch über der Heizung oder Glühbirne hängt. Die warme Luft steigt auf!

### Die schwebende Tüte

Sie braucht nur erwärmte Luft, aber keinen Wind. Die Form einer kleinen Tüte aus Pergamentpapier ausschneiden und an den Klebekanten zusammenkleben.
Mit einem Haarfön blasen Sie heiße Luft in die Tüte – und schon schwebt die Tüte bis an die Zimmerdecke!
Warum? Weil die erwärmte Luft in der Tüte nach oben steigt und die Tüte einfach mit hochträgt, weil diese so leicht ist. Die Tüte schwebt erst wieder zu Boden, wenn die Luft in ihrem Inneren abgekühlt ist.

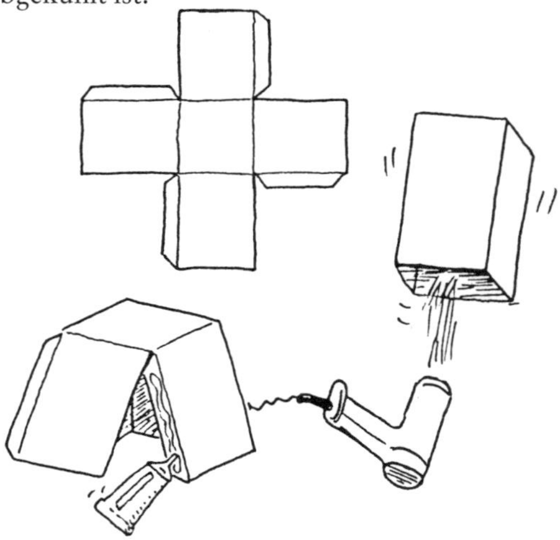

*Information für Schlaumeier:*
Erhitzte Luft ist leichter als kühle Luft, hat ein geringeres spezifisches Gewicht und steigt deshalb nach oben. Doch das interessiert die Kinder noch nicht! Sie finden einfach die Beobachtung aufregend, daß warme Luft hochsteigt.

## Heißluftballon

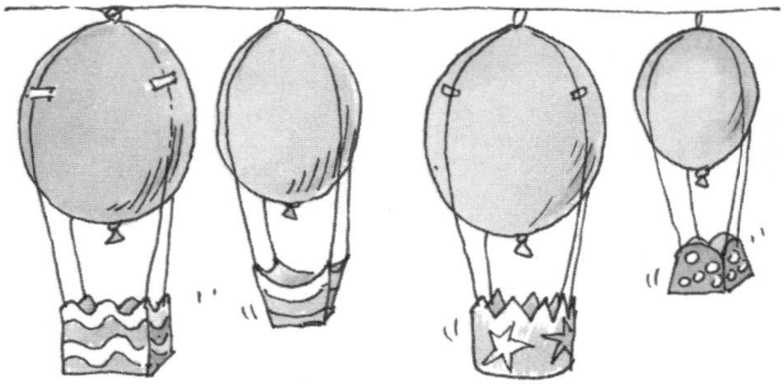

Sicher haben die Kinder schon einmal einen Heißluftballon hoch am Himmel schweben sehen.
Ein Heißluftballon hat keinen Motor! Wie kann er sich fortbewegen? Auch dieser riesengroße Luftballon ist nur mit heißer Luft gefüllt – das ist das ganze Geheimnis!
Wenn Sie Spaß daran haben, können Sie mit den Eltern Ihrer Kindergarten-Kinder einen großen Heißluftballon aus Seidenpapier basteln und am Kinderfest steigen lassen.

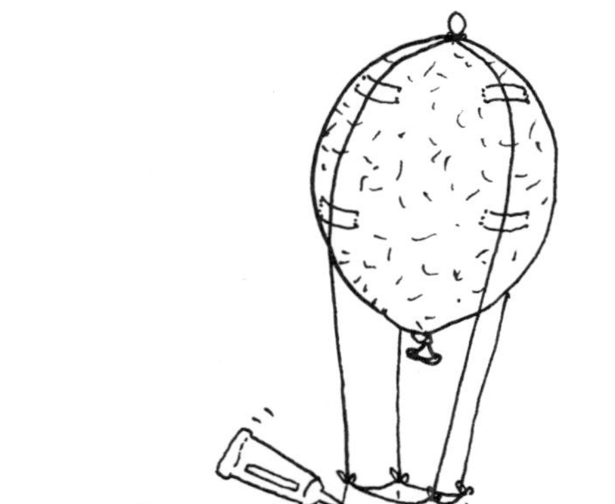

## Heißluftballons an der Zimmerdecke

Keine Bange, diese Heißluftballons „schweben“ ohne Heißluft! Aber echt sehen sie trotzdem aus!
Als Bastelmaterial brauchen die Kinder jeweils einen Luftballon, Buntpapier, Kleister, eine kleine Schachtel und bunte Wollfäden. Dann kann es losgehen:
1. Der Ballon wird etwas aufgeblasen und verknotet.
2. Mit Kleister werden viele Papierschnipsel rund um den Ballon aufgeklebt, bis der ganze Ballon eingepackt ist und nur noch das verknotete Mundstück herausschaut.
3. Während das Kleisterpapier trocknet, basteln die Kinder die Gondel. Dazu bekleben sie eine in der Größe zu ihrem Ballon passende Schachtel mit Buntpapier.
4. An die Gondel werden 4 Wollfäden geknüpft. Diese Wollfäden werden auch um den Ballon gebunden, mit durchsichtigen Klebestreifen festgehalten und oben zu einer Schlaufe gebunden. Das Mundstück des Ballons zeigt nach unten. An der Schlaufe wird der Ballon an die Decke gehängt.

# Luft-Ringelreihen

Wenn die Luft in Bewegung ist, heißt sie Wind. Mit einem Papierfächer können die Kinder selbst Wind machen (siehe Seite 20). Doch der Wind draußen in der Natur entsteht auf andere Weise.

### „Der Wind, das himmlische Kind“

Der Wind ist wirklich ein „Himmelskind“ von Sonne und Luft. Die Sonne erwärmt die Luft. Warme Luft steigt auf, das konnten die Kinder selbst beobachten (siehe Seite 78). Die fehlende Luft wird unten gleich wieder nachgeliefert. Von allen Seiten fließt neue Luft heran. So kommt die Luft in Bewegung – der Wind ist da!

### In Windeseile

Die Winde sind unterschiedlich schnell und werden mit Wörtern beschrieben wie leise, leicht, schwach, frisch, stark, steif, heftig, stürmisch, schwer, orkanartig.

*Information für Schlaumeier:*
Genauer gesagt entstehen diese Luftströmungen aufgrund des unterschiedlichen Luftdrucks. Erwärmte Luft dehnt sich aus, das spezifische Gewicht wird geringer, die Luft also leichter. Sie steigt hoch. Am Boden entsteht ein Raum mit weniger Luft. Der Luftdruck ist dort geringer und ein Luft-Tiefdruck entstanden. Dieser muß wieder ausgeglichen werden, von allen Seiten fließt neue Luft nach, bis der Luftdruck wieder normal ist.
Ein hoher Luftdruck entsteht, wenn kühle Luft nach unten fällt, also nach unten drückt. Dadurch weicht die Luft unten nach allen Seiten aus und zwar so lange, bis der Luftüberdruck, man sagt dazu Lufthochdruck, wieder ausgeglichen ist. Dieses ständige Auf und Ab führt zu den großen Windbewegungen in der Atmosphäre. Sie werden von der aufsteigenden heißen Luft am Äquator und der absinkenden kalten Luft der Pole ausgelöst. Hinzu kommt, daß die Erde sich dreht und den sich bewegenden Luftmassen einen zusätzlichen „Schwung“ gibt.
Klar, daß diese Erklärungen für Kindergarten-Kinder zu schwierig sind.

### Es zieht

„Es zieht" sagt man, wenn ein Luftzug zu spüren ist, also ein Austausch von warmer und kalter Luft stattfindet. Und wo zieht es im Gruppenraum, bzw. wo sind hier Luftbewegungen zu finden? Das finden die Kinder mit einem selbstgebastelten Windpendel schnell heraus, denn es zeigt jedes kleinste Lüftchen an: Eine feine Feder wird an einen Bindfaden geknüpft und an diesem Faden hochgehalten.
Damit wandern die Kinder los und untersuchen Fensternischen, Türspalten, Heizungen, Belüftungsschächte ...

### Ein Luftzug fährt los

Diese Wind-Tests machen Spaß. Auch hier werden die Windpendel gebraucht.

- Den Kühlschrank öffnen; wie bewegt sich die Luft unten und wie oben am Kühlschrank? Warum?
- Den Backofen erwärmen, die Türe öffnen. Was ist zu beobachten?
- Die Zimmertüre öffnen.
- Das Fenster öffnen.
- Was passiert im Treppenhaus?

### Wind-Bilder malen

Die Bewegung der Luft, dieses Auf und Ab und Rundherum des Windes können die Kinder mit Kleisterbildern herrlich nachmachen. Mit Schwung dreht sich der Finger des Künstlers wie ein Wirbelwind auf der eingekleisterten Papierfläche und hinterläßt windige Spuren!

Man braucht dazu:
Große Papierbögen, zum Beispiel alte Tapeten, selbstangerührten Tapetenkleister, dicke Pinsel, Fingerfarben, Unterlagen und Schürzen.

So wird's gemacht:
Das Papier mit dem Pinsel dick einkleistern, mit den Fingern Fingerfarbe aufnehmen und mit großen Kreisen und Schwüngen auf dem Kleisterpapier verteilen. Das Papier trocknen lassen.
Wer will, kann aus Papier kleine Windspielsachen falten und auf das getrocknete Windbild kleben, zum Beispiel ein Windrad oder einen Drachen.

# Ein starker Wind

Wenn sich kein Lüftchen regt, sagt man dazu Windstille. Wenn der Wind weht und immer stärker wird, unterscheidet man zum Beispiel diese Windstärken:

*Die sanfte Brise*
Das ist ein kleiner Wind, der mit den Blättern spielt und die Zweige wiegt.

*Der leichte Wind*
Das ist ein schwacher Wind, der die Ährenfelder durchkämmt und mit den Ästen schaukelt.

*Der steife Wind*
Das ist ein starker Wind, der die Bäume schüttelt und Staubwolken aufwirbelt.

*Der schwere Sturm*
Das ist ein sehr heftiger Wind, der kleine Bäume entwurzelt und Dachziegel mitreißt.

*Der wilde Orkan*
Der stärkste Wind, der große Bäume umlegt und Häuser zerstört.

*Der Wirbelwind*
Ein Wind, der sich wie ein Kreisel dreht. Kleine Wirbelwinde spielen in Mauerecken mit Blättern; große Wirbelstürme richten schwere Schäden an. Sie heißen je nach örtlichem Auftreten Taifun, Hurrikan und Tornado, sind schneller als Rennwagen und reißen ganze Häuser weg.

## Windsack

Jeder kann es sehen, wenn sich der Wind im Windsack verfängt und darin zappelt. Solche Windsäcke werden an Flugplätzen und Autobahnbrücken aufgehängt. Sie zeigen, wie stark der Wind weht und aus welcher Richtung er kommt.
Auch im Kindergarten könnte für den Wind ein bunter Windsack aufgehängt werden.
Wenn dann der Wind in Windeseile ankommt und durch den Windsack schlüpft, dann wird es bei den Kindern ein Hallo geben!

Den Sack schneidert man aus einem leichten, aber stabilen Stoff, zum Beispiel aus Segeltuch, Drachenstoff oder einem anderen dünnen Nylonstoff. Dann brauchen Sie noch kräftigen Blumendraht, feste Drachenschnur, einen langen Stab, einen dicken Zimmermannsnagel und einen kleinen Schlüsselring, der knapp um den Nagel paßt, aber nicht über den Nagelkopf rutschen kann.

Jetzt kann es losgehen:

1. Aus dem Stoff einen Sack zuschneiden.
2. Die Naht kleben oder nähen.
3. Um den breiteren Bund einen Drahtring biegen und im Saum festkleben oder einnähen.
4. Am Saum und über den Draht vier Drachenschnüre, etwa 50 cm lang, befestigen.
5. Die Fäden miteinander verknoten und an den Schlüsselring knüpfen.
6. Stoffbänder auf der anderen Seite festkleben oder annähen.
7. Den Nagel durch den Schlüsselring stecken und auf den Stab hämmern.
8. Den Stab tief in die Erde stecken, so daß er jeder Windstärke standhält.

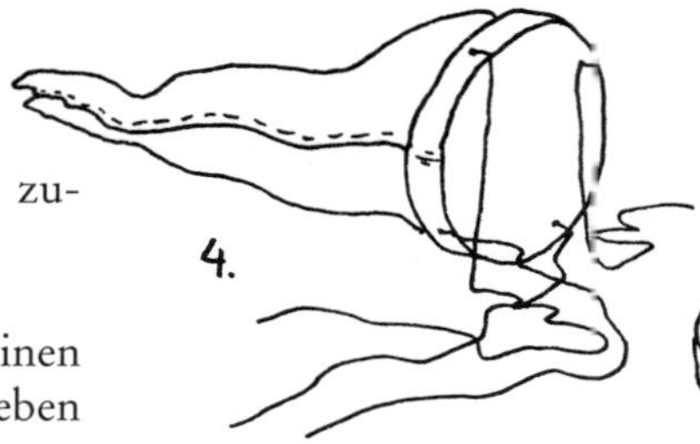


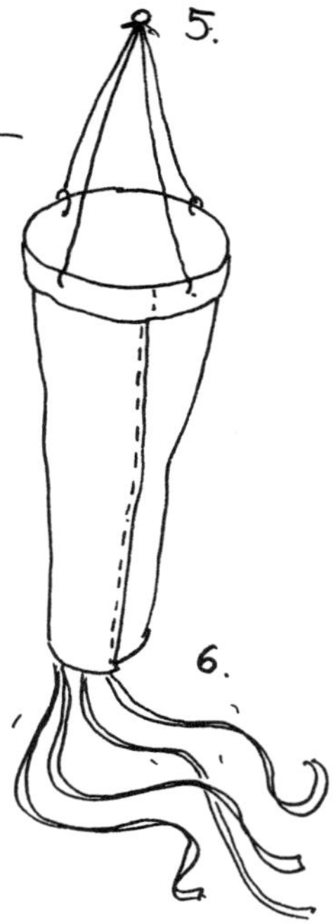


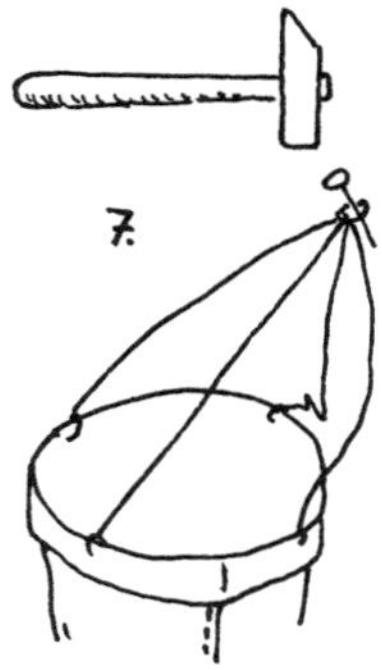

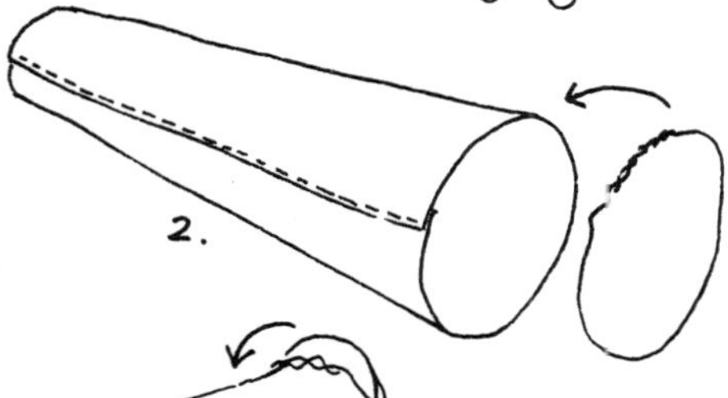

# Wetterhahn und Windhund

Ganz oben auf der Spitze eines Kirchturms sitzt manchmal ein Hahn. Es ist ein Wetterhahn, der sich ständig nach dem Wind dreht und uns verrät, aus welcher Richtung der Wind angebraust kommt. Das ist gut zu wissen, denn:

- Der Südwind bringt warmes Wetter mit;
- der Nordwind schleppt kaltes Wetter heran;
- der Westwind treibt Regenwetter herbei;
- der Ostwind beschert uns klare, trockene Luft.

### Wind-Finger

Wer keinen Wetterhahn hat, der kann trotzdem herausfinden, woher der Wind weht. Das geht so:
Einen Finger anfeuchten und in die Luft halten. Bald wird man spüren, wie eine Seite des Fingers schneller kühl wird – von daher bläst der Wind und trocknet den Finger.

### Ein Windhund für den Kindergarten

Er wird aus Sperrholz ausgesägt, mit wasserfester Farbe bemalt und mit farblosem Lack überzogen, dann bleibt das Fell des Windhundes wetterfest.

Und so wird er an der Stange befestigt:
Auf einer Seite ein Scharnier anbringen, das Sie kaufen können oder mit einer Blechschere aus einer Blechbüchse herausschneiden und zurechtbiegen. Dann einen dicken Draht biegen, wie es die Zeichnung zeigt, einen großen Nagel auf einen runden Stab hämmern, zum Beispiel einen alten Besenstiel, und zum Schluß den Windhund einhängen.

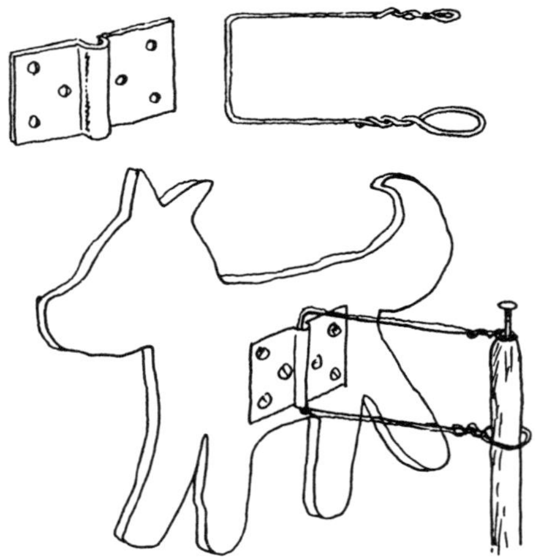

**TIP:** Laden Sie die Väter zu einem Bastelabend ein und bauen Sie gemeinsam diesen Windhund. Es wird garantiert ein Erfolg! Vielleicht erfinden die Väter noch andere Wind-Tiere.

## Wind-Vögel

Diese Windvögel können überall sitzen und jederzeit wieder ihren Platz wechseln. Sie sehen gut aus und können den Garten beim Kinderfest schmücken. Bei Regen allerdings bevorzugen sie ein trockenes Plätzchen, denn sie sind nicht wetterfest und die Farbe der Kreppapierflügel fließt mit den Regentropfen davon.

Und so wird's gemacht:
Den Vogelkörper auf Kartonpapier zeichnen und ausschneiden. Dann als Schablone einsetzen, also noch einmal auf Kartonpapier legen, mit einem Stift den Rand umfahren und die zweite Form ausschneiden. Jetzt beide Vögel zusammenkleben, dazwischen eine lange Schnur kleben.

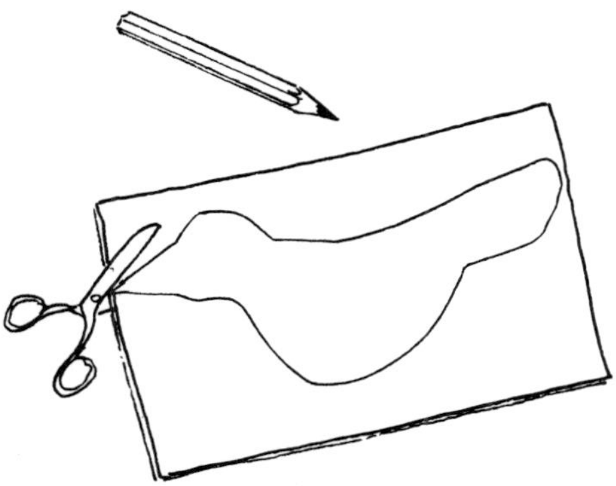

Den Vögeln ein buntes Federkleid aufmalen. Für die Flügel mehrere kurze Kreppapierbänder zuschneiden und an die obere Kante, also den Rücken des Vogels, mit einem Hefter festtackern.
Die Vögel am Faden aufhängen ... und schon flattern sie los.

Wenn der Wind zu heftig und die Vögel zu leicht sind, dann kann man die Figur mit dicken Holz- oder Tonperlen, die an das untere Ende des Fadens geknüpft werden, beschweren.

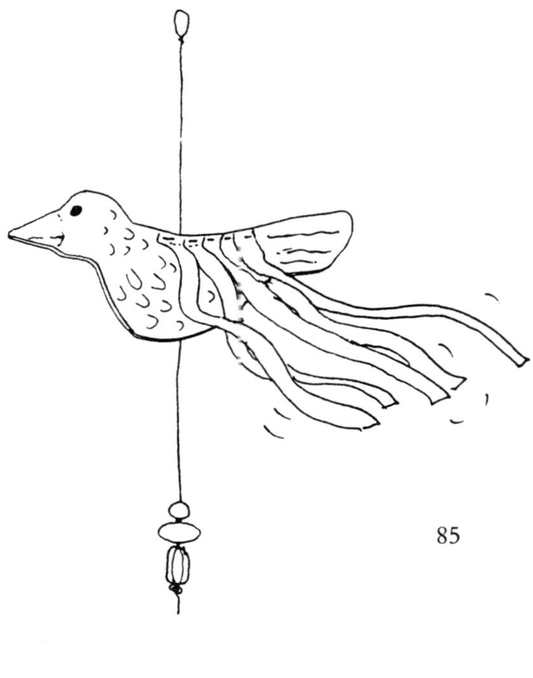

# Die Luft ist feucht

Ein Topf mit kochendem Wasser steht auf dem Herd, der Wasserdampf steigt auf und verdampft, löst sich einfach in Luft auf, wird unsichtbar! Wenn im Wassertopf wenig Wasser war, verschwindet in kurzer Zeit der ganze Inhalt.

### Wer zaubert denn das Wasser weg?

Hat jemand gezaubert? Nein! Die Zauberei ist einfach: Die Luft kann Wassertröpfchen aufnehmen! In einem warmen Zimmer sind mehrere Liter Wasser in der Luft versteckt. Dieses unsichtbare Wasser kann man wieder sichtbar machen, sozusagen „zurückzaubern". Das geht mit kühler Luft. Denn kühle Luft kann weniger Wasser festhalten und gibt deshalb wieder Wassertröpfchen ab. Auf die gleiche Weise bilden sich draußen in der Natur die Tautropfen und der Nebel.

### Eins zwei drei, Wasserzauberei!

Aus dem Kühlschrank nimmt der „Zauberer" einen kühlen Glasbehälter, zum Beispiel eine Sprudelflasche, und stellt diesen auf den Tisch. Bald bilden sich außen an der kühlen Glaswand viele kleine Wassertröpfchen. Woher kommen sie? Aus der Luft!

### Tautropfen

Wenn die Kinder draußen auf ihrer Spielwiese die Tautropfen entdecken, sind sie sich sicher: „Heute nacht hat es geregnet!"
Doch das können Sie den Kindern jetzt genauer erklären:
Über Nacht kühlt sich die Erde und die Luft ab, weil die wärmenden Sonnenstrahlen ausbleiben. Je kälter die Luft wird, desto weniger kann diese die kleinen Wassertröpfchen halten. Die Luft gibt also die Wassertröpfchen wieder her, und sie hängen als Tautropfen an Gräsern, Blättern, Spinnennetzen ... Die Kinder schauen selbst im Garten nach, wo die Tautropfen überall zu finden sind. Wer hat Lust, auf der taufrischen Wiese barfuß zu laufen? Das prickelt und kitzelt herrlich! Danach aber die Füße mit dem Handtuch tüchtig warmrubbeln!

### Nebel zieht auf

Wenn abends dünne Nebelschwaden über die Wiesen und Felder ziehen, dann „backen die Erdzwerge Kuchen" …
So sagt man, und dieser phantasievollen Erklärung gegenüber wirkt die sachliche Erklärung sehr nüchtern: Die Erde ist abgekühlt, ein warmer Luftzug streift über den Boden, kühlt sich über der kalten Erde schnell ab, kann nicht mehr so viel Feuchtigkeit halten, gibt kleine Wassertröpfchen ab, die als Nebel sichtbar werden.
… Oder wollen Sie doch lieber die Erdzwerge Kuchen backen lassen?
Übrigens: Die Kinder verkraften beide Erklärungen gleichzeitig.

### Wie eine Zuckerlandschaft

… sieht die Welt aus, wenn im Spätherbst der Tau zu Reif wird. Dann ist über Nacht die Temperatur unter 0° C gesunken, und alle Tautröpfchen wurden in Eiskristalle verwandelt. Das sollten sich die Kinder draußen genauer ansehen! Nehmen Sie eine Lupe mit!

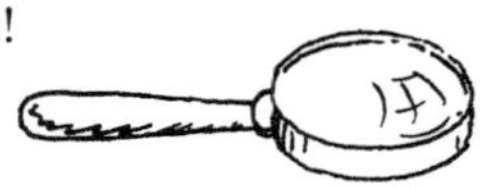

**TIP:** Mehr zu dem Thema Eis und Schnee finden Sie in dem Band „Wasser" dieser Buchreihe.

# Der Herbstwind ist da!

Auf diesen Wind haben die Kinder schon lange gewartet! Er ist es, der die Herbstblätter durch die Luft wirbelt, die Kastanien von den Bäumen schüttelt und die Drachen in den Himmel hinaufträgt! Dieser Herbstwind ist ein toller Spielfreund!

Ist er vielleicht schon da und wartet auf die Kinder? Dann wird es höchste Zeit, daß die Kinder Drachen basteln, damit sie mit dem Herbstwind spielen können!

Es gibt in vielen Bastelbüchern ideenreiche Anleitungen für Drachen, deshalb wird hier nur ein ganz einfaches Modell gezeigt, das schnell gebaut ist und schon bei leichtem Wind aufsteigt.

**TIP:** Wenn Sie Spaß am Drachenbauen haben, dann organisieren Sie ein Drachen-Herbstfest, bei dem Eltern und Kinder gemeinsam schöne, große Drachen bauen.

## Falt-Drachen

Man braucht dazu ein Blatt Origamipapier, etwa 20 x 20 cm, Ringelband (Geschenkband), Bindfaden oder feine Drachenschnur, Klebeband und Schere.

So wird's gemacht:

1. Diagonal falten.
2. Ecke zur Faltkante falten.
3. Ecke zur mittleren Faltkante falten.
4. Blatt umdrehen und die andere Seite wie bei 2. und 3. falten.
5. Spitze an beiden spitzen Ecken abschneiden.

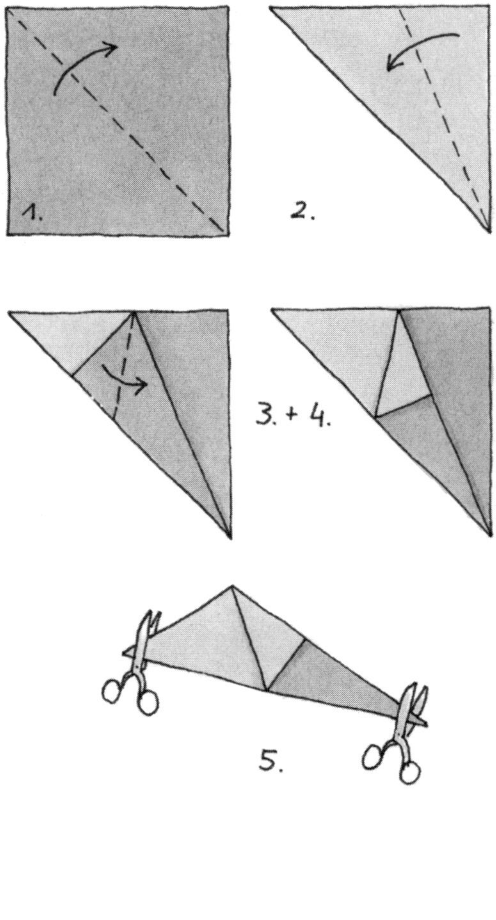

6. Drachen auseinanderfalten, so hinlegen, daß die Mittelfalte hoch steht, dann die Halteschnur (Waageschnur) anbringen: ca. 50 cm langen Bindfaden in der Mitte zu einer kleinen Schlaufe verknoten, die Enden an die Knickstellen A und B mit Klebestreifen aufkleben.

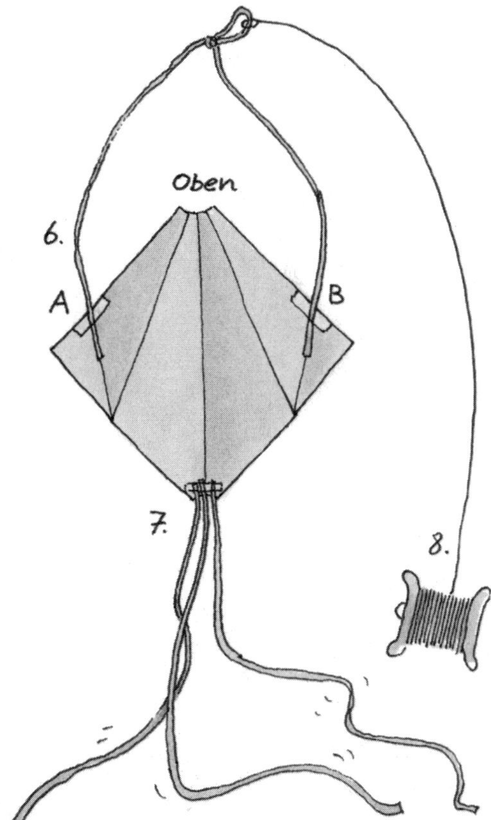


7. Für den Drachenschwanz: 3 mal 1 m Ringelband abschneiden und dicht nebeneinander mit Klebeband festkleben.
8. An die Schlaufe Drachenschnur knoten.

## Die Kunst des Drachensteigens

Mit dem Drachen gegen den Wind laufen! Der beste Wind ist der Aufwind an einem leichten Hang. Mit dem Finger überprüfen, ob der Wind tatsächlich zum Hang hin weht!
Wenn der Drachen nicht gut steigt, ein Band von der Schwanzschnur kürzen oder ganz wegschneiden.
Wenn der Drachen anstatt hochzusteigen nur vor- und zurückschaukelt oder zur Erde trudelt, eine weitere Schwanzschnur dazukleben oder die Ringelbänder durch längere ersetzen.

# Der Wind arbeitet

Der Wind kann sehr stark sein und zum Beispiel große Segelboote mit haushohen Segeln über das Meer schieben oder große Windmühlenflügel drehen.

### Der Wind arbeitet für die Menschen

Heute wird die Kraft und Stärke des Windes in Windkraftwerken ausgenützt. Zum „Arbeiten“ bekommt der Wind viele Windräder. Es gibt Windtürme mit zwei, drei, vier oder vielen Windflügeln. Wenn der Wind das Windrad dreht, kann man Strom erzeugen. Obleich genug Wind da ist und der Wind seine Kraft umsonst hergibt, wird diese Windenergie von den Menschen viel zu wenig genützt.

### Lieblingsspielzeug: Windrad!

Diese bunten, im Kreis wirbelnden Windrädchen begeistern jung und alt – und das schon seit vielen, vielen Jahren! Dieses Modell bastelten schon die Großeltern, als sie Kinder waren:
Papier falten, Ecken einschneiden, jeden zweiten Eckezipfel zur Mitte biegen und mit einer Nadel festhalten.

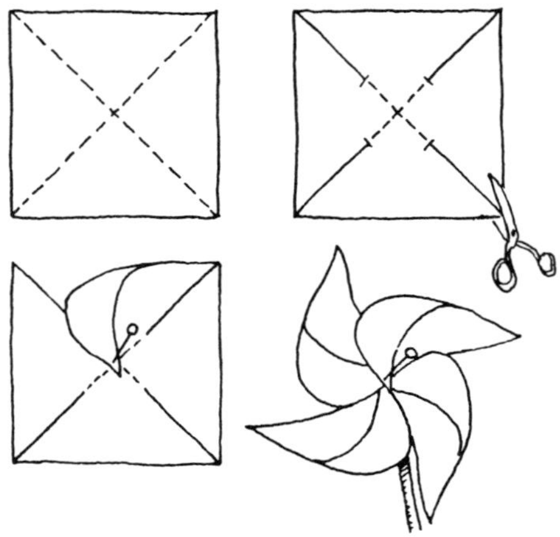

Auch das Windrädchen aus Stroh war früher ein beliebtes Spielzeug:
Ein kurzes Stück eines Strohhalmes bis zur Hälfte in vier Teilen längs aufritzen, die Streifen nach außen biegen und das Strohrädchen über einen geknickten Strohhalm schieben.

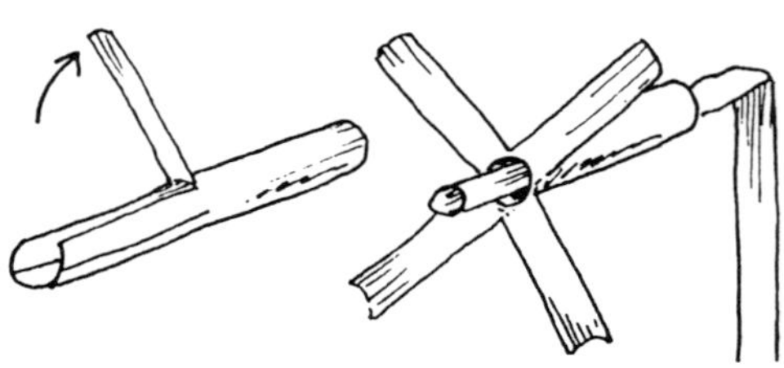

## Viele Windräder

*Doppeltes Windrad*
Zwei Blätter gegengleich einschneiden, ineinanderschieben, jede zweite Spitze nach innen biegen und mit der Stecknadel festhalten.

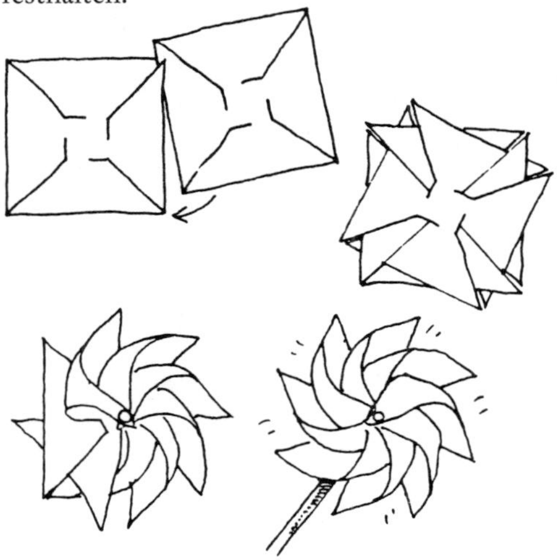

*Windradteller*
In einen Pappteller einen Innenkreis einzeichnen, dann gleichmäßig vom Rand her einschneiden, jeden Flügel seitlich umknicken.

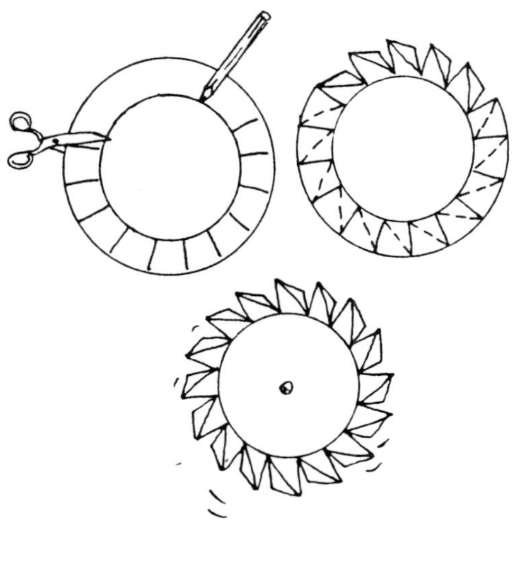

*Flügelrad*
Zwei gleichgroße Kartonstreifen übers Kreuz aufeinanderkleben, die Flügel seitlich zur Hälfte einschneiden und diese Hälfte hochklappen.

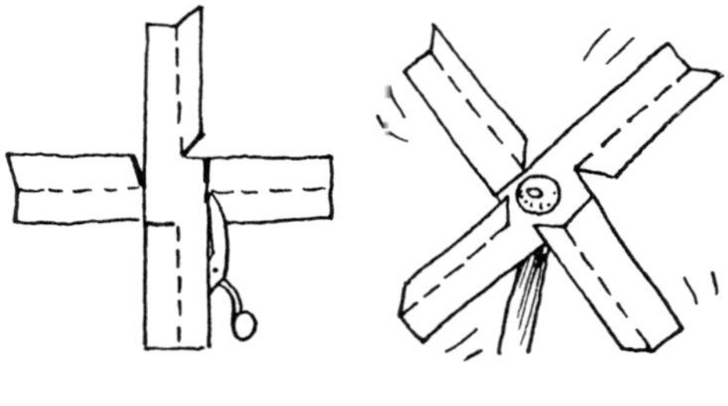

## So werden die Windräder befestigt

Es kommt darauf an, daß sich das Windrad gut drehen kann, nicht anstößt oder am Haltestab streift und dadurch der Schwung gebremst wird. Deshalb sollten vor und nach dem Papierrad ein bis drei runde Perlen oder Kugeln angebracht werden. Sie drehen sich mit und bieten kaum Widerstand. Diese Kugeln müssen locker auf einem Draht sitzen. Den Draht kann man überall befestigen, zum Beispiel an einem Stab, einem Ast oder am Gartenzaun.

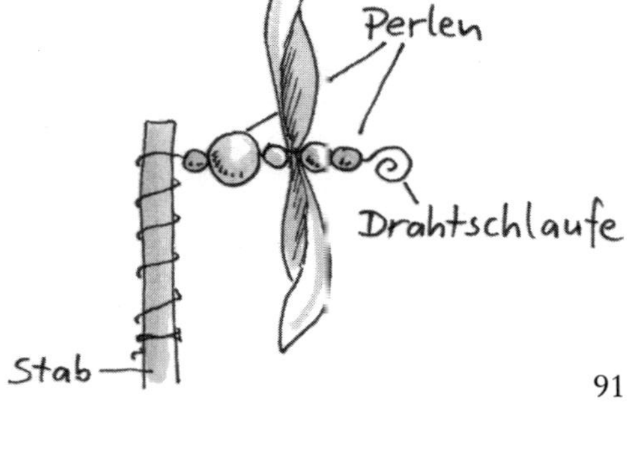

# Ein Windfest

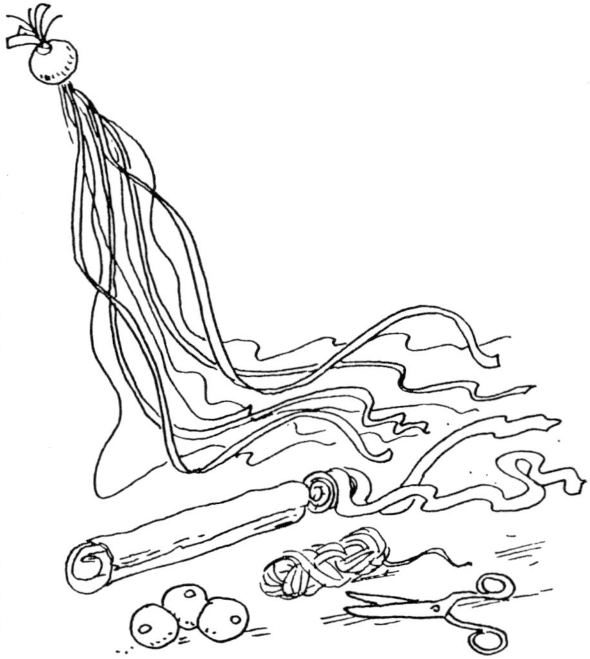

Das wäre schön, wenn die Kinder ihren Eltern einmal ihren Spielfreund Wind vorstellen und ihre selbstgebastelten Windspielsachen zeigen könnten!
Ein Windspielfest braucht keine große Vorbereitung. Hier geht es um den Spaß am Basteln und Spielen.

**Basteltische**

Bauen Sie viele Basteltische auf. Pro Tisch gibt es ein Spielmodell zu bauen, die Bastelmaterialien liegen bereit. Alle Tische werden wie Jahrmarktstände bunt geschmückt: An zwei Tischbeinen Latten festbinden, zwischen diese Latten eine Schnur anbringen, an die Schnur mit Wäscheklammern bunte Kreppapierbänder und die jeweiligen Bastelmodelle festklammern.
Gebastelt werden Windspielsachen, wie sie in diesem und im nachfolgenden Kapitel beschrieben sind.

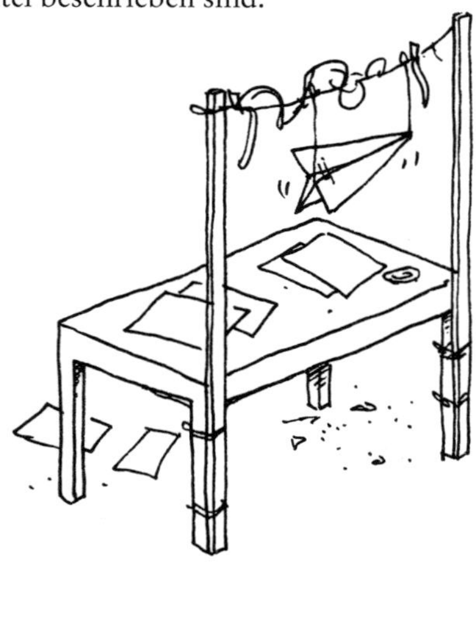

**Windschlangen**

Alle Gäste und die Kinder basteln diese Windschlange. Das geht ganz schnell, und es sieht toll aus, wenn die Windschlangen hochgeworfen werden und die leuchtend bunten Bänder durch die Luft „schlängeln".

Und so wird's gemacht:
3 bis 5 Kreppapierbänder zuschneiden, etwa 2 cm breit und 150 cm lang, in unterschiedlichen Farben, dazu kommen 2 bis 4 Ringelbänder (Geschenkbänder), ebenfalls 150 cm lang.
Alle Bänder an einem Ende miteinander verdrillen, durch das Loch einer großen Holzperle schieben (Durchmesser der Perle etwa 3 oder 4 cm) und verknoten.

**Der Windschlangentanz**

Hier können Kinder und Eltern mitmachen. Getanzt wird in freien Bewegungen. Dabei wirft jeder Tänzer im Rhythmus der Musik seine Windschlange hoch und fängt sie wieder auf. Oder zwei Tänzer stehen sich gegenüber und werfen sich ihre Windschlangen zu. Das Fangen ist kein Problem, denn wer die Kugel nicht erwischt, der bekommt sicher die langen Bänder zu fassen.

*Tanzformen*
Es gibt interessante Aufstellungen für Tanzpaare, zum Beispiel:

- Zwei Reihen stehen sich in einem Abstand von etwa 3 m gegenüber und bilden so eine „Tanzstraße".
- Es gibt einen Innenkreis und Außenkreis, die Tänzer des Innenkreises stehen mit dem Gesicht zum Außenkreis.

Die Tanzpaare werfen sich ihre Windschlangen in hohem Bogen zu. Es sieht besonders schön aus, wenn alle Luftschlangen gleichzeitig hochgeworfen werden und bei jedem Wurf über den Tanzenden sich ein bewegtes, farbenfrohes „Bänderdach" ausbreitet. Die Musik gibt den Wurf-Rhythmus an. Wählen Sie eine langsame, fließende Musik aus.

**Windrädchen-Gebäck**

Eine witzige Idee, die begeistern wird! Am einfachsten geht es mit tiefgekühltem Blätterteig: Auftauen, ausrollen, in kleine Quadrate schneiden, die Ecken mit dem Messer einschneiden wie bei dem Papier-Windrad die Ecken in die Mitte biegen, mit einer Rosine obenauf festdrücken und ca. 10 Minuten backen. Fertig!
Diese Windrädchen können auch kleine Köche zubereiten oder während des Festes „am laufenden Band" unter Aufsicht von Müttern gebacken werden.

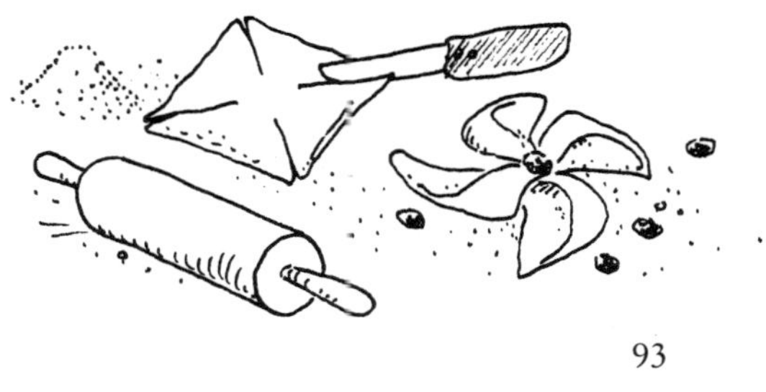

# Ein Spielzimmer für den Wind

Das ist die Überraschung des Windfestes: Ein Spielzimmer für den Wind! Alle bauen mit. Sie besorgen nur das Baumaterial, also Latten und Stangen, Hammer und Nägel, Schnüre und Scheren – schon können die freiwilligen Baumeister ans Werk gehen.
Wenn der Hütten-Rahmen steht, sind die Innenarchitekten gefragt. Für die Ausstattung ist alles möglich, Hauptsache, es flattert, schaukelt, trudelt und dreht sich, oder klingelt, klappert, scheppert und rasselt. Je bunter und vielseitiger die Windspielsachen sind, desto aufregender wird das Spielzimmer für den Wind.
Wetten, daß in diesem Spielzimmer nicht nur der Wind spielen wird!

**Die Ausstattung des Spielzimmers:**

- Kreppapierbänder-Vorhang
- Blechdosen-Türe
- Blumentöpfe-Glocken
- Schlüssel-Ring-Rassel
- Papiergirlanden-Decke
- Stoff-Fähnchen-Fenster
- Tüll-Schleifen-Dach

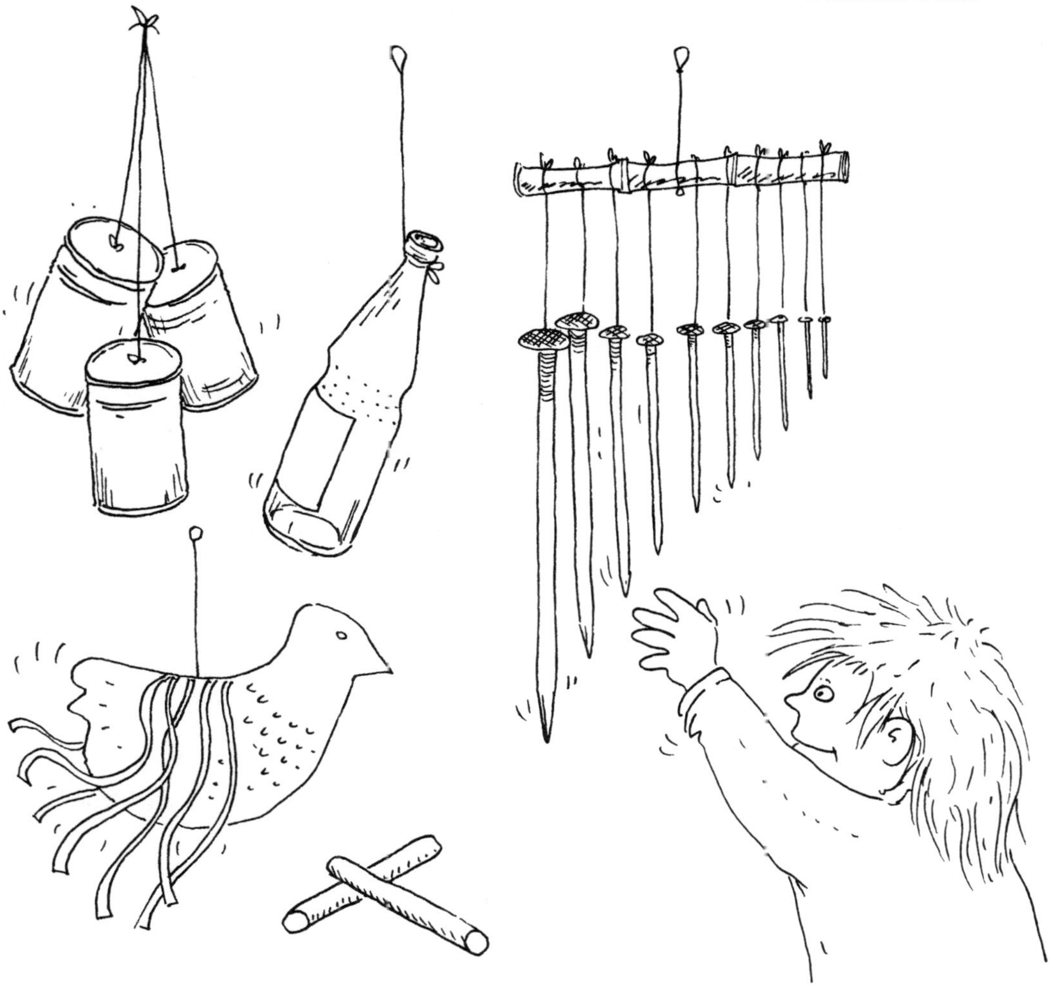

**Die Spielsachen:**

- Schepperdosen
- klingende Sprudelflaschen
- klappernde Holzstäbe
- flatternde Papiervögel
- wirbelnde Papierwindrädchen

**Himmelsklänge**

Doch die schönste Windmusik machen große Zimmermannsnägel, die man im Abstand von etwa 2 cm aufhängt, so daß sie beim Schwingen aneinanderstoßen! Der Klang ist „himmlisch", meinen die Kinder! Hängen Sie viele Nägel in verschiedenen Größen nebeneinander auf.

# Tanz und Spiel mit dem Wind

## Komm, stell dich mal mit mir in den Wind

Text und Melodie: Dorothée Kreusch-Jacob
Aus: Dorothée Kreusch-Jacob, Ich schenk dir einen Regenbogen, Patmos Verlag, Düsseldorf 1993

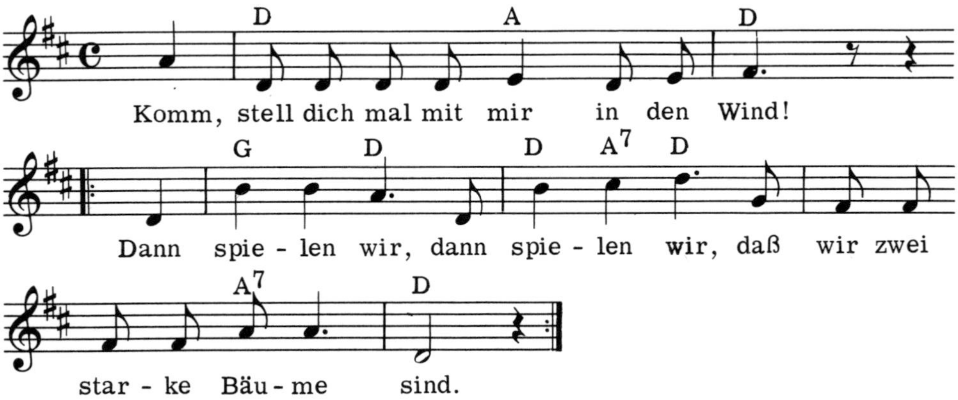


Komm, stell dich mal mit mir in den Wind!
Dann spielen wir, dann spielen wir,
daß wir zwei starke Bäume sind.

Komm, laß dich einfach treiben im Wind!
Dann spielen wir, dann spielen wir,
daß wir zwei Segelschiffe sind.

Komm, laß die Haare zausen im Wind!
Dann spielen wir, dann spielen wir,
daß wir zwei Struwwelpeter sind.

Komm, laß die Arme fliegen im Wind!
Dann spielen wir, dann spielen wir,
daß wir zwei schnelle Vögel sind.

Komm, mach dich leicht und weich im Wind!
Dann spielen wir, dann spielen wir,
daß wir zwei weiße Wolken sind.

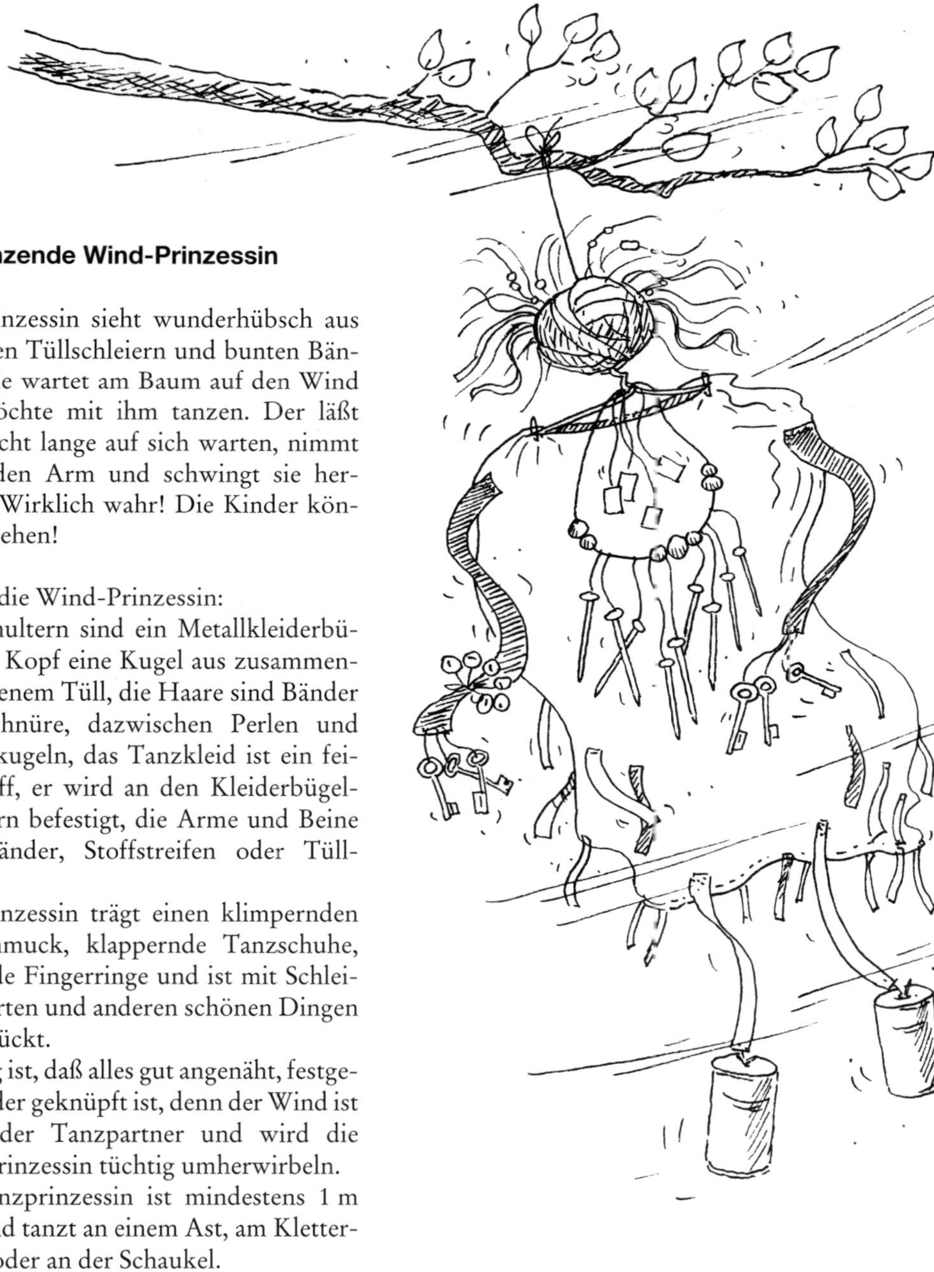

**Die tanzende Wind-Prinzessin**

Die Prinzessin sieht wunderhübsch aus mit ihren Tüllschleiern und bunten Bändern. Sie wartet am Baum auf den Wind und möchte mit ihm tanzen. Der läßt auch nicht lange auf sich warten, nimmt sie in den Arm und schwingt sie herum ... Wirklich wahr! Die Kinder können es sehen!

Das ist die Wind-Prinzessin:
Die Schultern sind ein Metallkleiderbügel, der Kopf eine Kugel aus zusammengebundenem Tüll, die Haare sind Bänder und Schnüre, dazwischen Perlen und Glitzerkugeln, das Tanzkleid ist ein feiner Stoff, er wird an den Kleiderbügel-Schultern befestigt, die Arme und Beine sind Bänder, Stoffstreifen oder Tülltücher.
Die Prinzessin trägt einen klimpernden Halsschmuck, klappernde Tanzschuhe, rasselnde Fingerringe und ist mit Schleiern, Borten und anderen schönen Dingen geschmückt.
Wichtig ist, daß alles gut angenäht, festgeklebt oder geknüpft ist, denn der Wind ist ein wilder Tanzpartner und wird die Tanz-Prinzessin tüchtig umherwirbeln.
Die Tanzprinzessin ist mindestens 1 m groß und tanzt an einem Ast, am Klettergestell oder an der Schaukel.

# 4. Kapitel

# Hoch in die Luft

# In die Luft schauen

Nur in die Luft schauen, das tiefe Blau des Himmels sehen und tief durchatmen ... das ist herrlich! Gehen Sie mit den Kindern in den Garten und lassen ihnen viel Zeit, in den Himmel zu schauen. Der Blick wird in die endlose Weite schweifen, in die unvorstellbare Höhe steigen und sich im tiefen Himmelblau verlieren, die Gedanken fliegen mit und die Phantasiereise beginnt ...

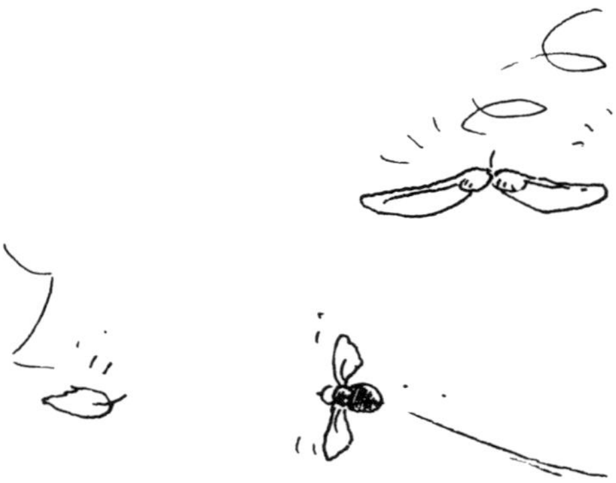

**Wenn ich fliegen könnte**

Die Kinder träumen – es ist ein uralter Menschheitstraum: In Gedanken sich hoch in die Luft schwingen, hinauf in den Himmel fliegen, mit den Wolken weitersegeln, mit den Winden weiterwirbeln, der Sonne ein bißchen näher sein...
Wenn wir Flügel hätten wie die Vögel, dann könnten wir auch hoch in die Luft aufsteigen und überall hinfliegen. Das wäre schön!
Judith träumt: „Ich wünsche mir, daß ich auf einen hohen Berg fliegen kann, dort steht mein Schloß, und ich bin eine schöne Prinzessin!“
Till ist begeistert: „Ich fliege jetzt nach Afrika zu den Löwen und Elefanten, da habe ich keine Angst, weil ich ja fliegen kann!“
Felix sieht seine Reise so: „Ich möchte nach Amerika fliegen, zu den Cowboys, dann reiten wir auf schnellen Pferden, und abends fliege ich wieder nach Hause!“
Jedes Kind träumt seinen Traum – und wer will, kann den andern davon erzählen.

## Alle Vögel fliegen hoch

Dieses alte Kinderspiel begeistert die Kinder immer wieder aufs neue:
Der Spielleiter ruft: „Alle Vögel fliegen hoch – die Schwalbe!“ Er streckt gleichzeitig seine Arme hoch in die Luft.
Stimmt, die Schwalbe kann fliegen, deshalb strecken auch alle Kinder ihre Arme in die Höhe.
Der Spielleiter ruft: „Alle Vögel fliegen hoch – das Auto!“ und wirft wieder seine Arme schwungvoll in die Höhe.

Jetzt heißt es aufgepaßt, denn ein Auto kann natürlich nicht fliegen, also bleiben die Hände der Kinder unten. Wer sich durch die Handbewegung des Spielleiters beirren läßt und auch seine Arme hochstreckt, der muß ein Pfand abgeben.

*Was kann alles fliegen?*
Bevor Sie mit dem Spiel beginnen, tragen die Kinder viele Beispiele zusammen: ein Stück Papier, eine Fledermaus, ein Löwenzahnsamen, eine kleine Feder, eine Hummel, ein Hubschrauber, eine Libelle, eine Rakete, ein Adler, ein Drachen, eine Stechmücke, ein Segelflieger ...

## Was fliegt denn da?

Wenn die Kinder einmal genauer in die Luft schauen, dann werden sie sehen, was da für ein buntes Treiben herrscht: Es ist ein Flattern, Tanzen, Schwirren, Kreisen, Segeln, Gleiten, Fallen, Steigen.
Es sind die Vögel und Insekten, die sich in der Luft tummeln, es sind aber auch die Samen der Blumen und Bäume, zum Beispiel die kleinen Fallschirmchen des Löwenzahns. Im Herbst kann man die Früchte der Linden- und Ahornbäume durch die Luft wirbeln sehen.
Und was sehen die Kinder heute in der Luft fliegen? Sie tauschen ihre Beobachtungen aus.

# Lied vom Fliegen

Text: Gabriele Weiß
Melodie: Reinhard Lakomy

Refrain:
Ich möcht' so gerne fliegen können,
alles mal von oben sehn,
einfach durch den Himmel rennen
und mal auf den Sternen stehn.

Über Wald und Felder kreisen,
auf die höchsten Dächer spucken,
immer mit der Sonne reisen
und dem Wind die Nase jucken.

Refrain: Ich möcht' . . .

Auf den dicken Wolken liegen,
für die Störche Nester bauen,
mit Raketen Wette fliegen
und vom Mond zur Erde schauen.

Refrain: Ich möcht' . . .

Über alle Meere springen,
auf dem Regenbogen reiten,
mit den Vögeln Lieder singen
und ein Stück den Tag begleiten.

# Kleine, freche Spatzen

„Du kleiner Spatz!“ so werden die Kinder liebevoll genannt! Alle Kinder kennen auch die kleinen, munteren Spatzen-Vögel, die draußen überall herumfliegen. Was liegt näher, als mit den Kindern diese Spatzen genauer zu beobachten oder vom lustigen Spatzenleben zu erzählen.

## Spatzen-Geschichten

*Spatz oder Sperling?*
Der Spatz heißt eigentlich Sperling. Es gibt Haussperlinge und die etwas kleineren Feldsperlinge. Aber den Kindern gefällt der Name Spatz viel besser.

*Die Spatzenschar*
Die Spatzen sind überall, in Gärten, in Hinterhöfen, an Baustellen, in Parks und ganz sicher auch im Gelände des Kindergartens. Überall ist ihr hohes Tschilpen zu hören.

*Spatzenlärm*
Die Spatzen sind gesellige Vögel und treten in ganzen Scharen auf. Mit aufgeregtem Gezwitscher hüpfen sie mal hierhin und mal dorthin, und kaum hat einer von ihnen etwas zum Fressen gefunden, dann geht ein Gezeter los, denn jeder will das Körnchen haben. Der eine reckt sich hoch, der andere plustert sich auf.
Doch, kommt eine Katze angeschlichen, dann flattert die ganze Vogelschar unter lautem Protest davon. Ist die Gefahr vorüber, sind alle Spatzen wieder da.

*Spatzen-Badetag*
Nach einem Regenguß, wenn auf den Straßen Regenpfützen zurückgeblieben sind, dann ist großer Spatzen-Badetag. Mit Lärm und Geschrei setzen sie sich in die Pfützen, wirbeln mit schnellen Flügelbewegungen ihr Badewasser auf, ducken sich bis zur Brust ins Wasser, hüpfen wieder heraus und schütteln ihre Federn trocken, daß es nach allen Seiten spritzt.
Ebenso genießen die Spatzen ein Staubbad in der Sonne. Dann hocken sie aufgeplustert mit dem Bauch auf der warmen Erde und breiten ihre Flügel aus. So ein Bad ist für die Spatzen die einzige Möglichkeit, Ungeziefer aus ihren Federn herauszubekommen.

*Spatzentanz*
Wenn die Spatzenmännchen um die Gunst eines Spatzenweibchens werben, dann strengen sie sich besonders an. Meistens balzen gleich mehrere Männchen um ein Weibchen. Mit hängenden Flügeln und gestelztem Schwanz tanzen sie um das Weibchen herum und wollen dessen Aufmerksamkeit gewinnen.
Kaum fliegt das Weibchen davon, wird es von der lärmenden Männchentruppe verfolgt – aber nur bis zum nächsten Gebüsch, dann geben sie auf und kehren mit Geschrei wieder zurück, so als wäre nichts geschehen.

*Spatzennest*
Spatzen sind bei der Suche nach einem geeigneten Nistplatz sehr vorsichtig, und nur selten kann man sie beim Nestbau beobachten. Sie sammeln alles, was weich ist, zum Beispiel Fäden, Stoffrestchen, Papierstückchen oder Federn, natürlich auch Gräser, Stroh und kleine Zweige. Beim Nestbau sind die Spatzen weniger sorgfältig und ihre Nester sehen eher wie zerzauste Kugeln aus. Die Nester haben kleine Fluglöcher.

*Spatzenfamilie*
Das Spatzenweibchen legt bis zu 6 Eier. Wenn die Jungen ausgeschlüpft sind, bleiben sie etwa 2½ Wochen im Nest, dann wird es ihnen zu eng. Unruhig hüpfen sie hin und her, schauen immer wieder aus dem Flugloch des Nestes heraus, bis schließlich der Mutigste von ihnen den ersten „Absprung" wagt und aufgeregt flatternd den Boden oder das nächste Gebüsch ansteuert. Das wirkt wie ein Startzeichen für die Spatzengeschwister. Einer nach dem andern purzelt aus dem Flugloch, macht erste Flugversuche, um schließlich irgendwo zu landen. Jetzt aber ist die Aufregung groß! Flatternd und piepsend suchen sich die Spatzenkinder und geben keine Ruhe, bis sie sich wiedergefunden haben. Dann setzen sie sich ganz nah nebeneinander und rufen gemeinsam nach ihren Spatzeneltern.

# Spatzentanz

Text und Melodie von Klaus W. Hoffmann

Weißt du, wie die Spatzen tanzen,
weißt du wie?
Weißt du . . .
Springen hin und her,
hüpfen kreuz und quer.
Weißt du . . .

Refrain: La la la . . .

Alle Spatzen hüpfen
auf dem rechten Bein.
Alle Spatzen . . .
Eins und zwei und stehn,
und im Kreis sich drehn.
Alle Spatzen . . .

Refrain: La la la . . .

Alle Spatzen hüpfen
auf dem linken Bein.
Alle Spatzen . . .
Vorwärts und zurück,
nur ein kleines Stück.
Alle Spatzen . . .

Refrain: La la la . . .

Alle Spatzen schleichen
leise durchs Geäst.
Alle Spatzen . . .
Jeder lacht sich dann
einen Partner an.
Alle Spatzen . . .

Refrain: La la la . . .

Alle Spatzen, ja die tanzen
nun zu zweit.
Alle Spatzen . . .
Wie? Na klarer Fall,
alles noch einmal!
Alle Spatzen . . .

Refrain: La la la . . .

# Vogel-Theater

Wie ein Vogel die Flügel-Arme bewegen, springen und hüpfen, tanzen und im Kreise drehen, fangen und necken ... das spielen die Kinder gerne.

## Das Spielstück

Die Kinder können ...

- den Spatzentanz von Seite 106 spielen;
- altbekannte Spiellieder wie die „Vogelhochzeit" darstellen;
- ein selbst ausgedachtes Rollenspiel vom Vogelalltag inszenieren, zum Beispiel einen Spatzentag;
- ein spontanes Pantomime-Spiel ausprobieren.

## Die Darstellung

Der Vogel fliegt und flattert mit den Flügel-Armen oder segelt mit ruhigen Flügelbewegungen und zieht weite Kreise. Wenn er landet, legt er seine Flügel an und tippelt mit leichten Schrittchen weiter, er hält nach Futter Ausschau, dreht dabei seinen Kopf ruckartig zur Seite, mal hierhin, mal dorthin.

Wenn er weiterfliegen möchte, breitet er seine Flügel weit aus, spreizt sie bis in die „Fingerspitzen" und schiebt mit kräftigen Flügelbewegungen Luft unter seine Flügel. Dann fliegt er los ...

## Die Kostüme

*Federschmuck*

Als Federn können die Kinder echte Federn verwenden, man bekommt sie günstig in Geschäften, die Bettfedern reinigen, oder in Bastelgeschäften. Die Kinder können auch ihre bunten Federn selbst basteln, zum Beispiel

- aus Buntpapier ausreißen,
- aus schmalen Kreppapierbändern abreißen,
- aus bunten Stoffen ausschneiden und mit Zickzackschere seitlich einschneiden.

*Flügel-Kostüm*

Aus Papier die Flügelform ausschneiden, mit Federn bekleben und mit großen Heftstichen an den Pulloverärmel aufnähen, oder die Flügel mit doppelseitigem Klebeband (das sich leicht wieder abziehen läßt) einfach aufkleben.

*Vogelhaube*

Einen Luftballon in Kinderkopfgröße aufblasen, mit Kleisterapier einen „Hut" auf den Ballon kleben. Ist die Hutform trocken, kann man sie abnehmen, zurechtschneiden und bunte Federn aufkleben. Zum Schluß ein Hutband anknüpfen, damit die Vogelhaube gut sitzt.

*Vogelschnabel-Maske*
Den Vogelschnabel auf eine Papierbrillenmaske aufkleben. Diese Maske sitzt auf der Nase, klemmt nicht und schnürt nicht ein.
So wird sie gebastelt: Zuerst aus Karton ein Brillengestell ausschneiden, anstatt der Brillenbügel kann man ein Gummiband anbringen. Dann einen Vogelschnabel aus farbigem Tonpapier ausschneiden, in Form knicken und auf die Brille kleben. Zum Schluß die Maske mit kleinen Federn bekleben, dabei Schnabel und Augenpartie freilassen.

**Die Kulissen**

*Bäume und Büsche*
Blecheimer oder Blumentöpfe mit Gipsbrei füllen, jeweils einen langen Ast senkrecht hineinstellen und warten, bis der Gips festgeworden ist.

*Blätter*
Aus Tonpapier Blattformen ausreißen und mit Blumendraht oder Klebeband an den Kulissenbaum hängen. Schön sieht es aus, wenn verschiedene Grüntöne ausgewählt werden.

*Früchte*
Aus Pappmaché formen und mit Blumendraht oder Schnur an den Kulissenbaum hängen. Die Kinder können auch „echte“ Früchte aufhängen, zum Beispiel Kiefernzapfen, Bucheckern oder Nüsse.

# Von kleinen und großen Vögeln

Es gibt von Vögeln Interessantes zu erzählen, zum Beispiel:

**Das Rotkehlchen**

Es ist der Lieblingsvogel vieler Kinder. Warum wohl? Vielleicht, weil dieser kleine Vogel so drollig aussieht – mit der leuchtend roten Brust, seinen kleinen dünnen Beinchen, seinem kugeligen Bauch, dem spitzen Schnäbelchen und den großen, dunklen Kulleraugen.
Das Rotkehlchen ist sehr neugierig. Es hüpft häufig auf dem Boden umher, wippt und knickst und läßt seinen Schwanz in die Höhe schnellen.
Der Gesang des Rotkehlchens ist ein hohes, trillerndes Flöten und hört sich recht feierlich an. Das ganze Jahr über kann man den Gesang hören, denn das Rotkehlchen bleibt oft sein Leben lang im gleichen Revier und überwintert dort sogar.

Lustig sehen die Jungen aus, wenn sie etwa eine Woche alt sind. Sie haben große, dunkle Glitzeraugen, breite, gelb umrandete Schnäbelchen und seitlich am Kopf lustig hochstehende Federbüschel.

**Die Taube**

Am berühmtesten ist die Taube aus der Bibelgeschichte von Noah:
Er ließ von seiner Arche aus eine Taube fliegen, und sie kam am Abend mit einem Olivenblatt im Schnabel zurück. Jetzt wußte Noah, daß die Sturmflut vorbei war und daß es wieder festes Land gab.
Ganz erstaunlich ist das Sehvermögen der Taube. Sie kann so gut sehen, daß sie eine Zeitung von 30 m Entfernung lesen könnte. Messen Sie mit den Kindern im Garten oder auf einem Weg diese Entfernung ab. Wer kann auf diese Entfernung noch ein Bild im Bilderbuch erkennen? Ausprobieren – und die Kinder werden sich wundern!
Die Taube kann aus höchster Höhe während des Fliegens unten auf dem Boden noch die kleinsten Körnchen erkennen. Auf einem Acker, auf dem wir Menschen kein einziges Korn sehen, landet die Taube zielsicher und pickt ein Korn nach dem andern auf.

*Friedenstaube*

Die Taube ist das Symbol für Frieden, und die „kleine, weiße Friedenstaube“ ist vielen Kindern bekannt.

Tauben sind den Menschen gegenüber sehr anhänglich, davon weiß jeder Taubenzüchter zu berichten. Sie tun keinem etwas zuleide, denn ihre Schnäbel sind zu klein, um andere zu verletzen, und ihr Flügelschlag zu sanft, um kräftig zuschlagen zu können.

Doch, wie kann sich die Taube gegenüber ihren Feinden wehren? Sie hat eine weitere erstaunliche Fähigkeit: Kaum erkennt sie beim Fliegen über sich einen Feind, zum Beispiel einen Greifvogel, dann legt sie blitzschnell die Flügel an und stürzt sich in die Tiefe. Wie ein Stein läßt sie sich fallen, peilt einen Baum mit dichtem Geäst oder eine Mauerspalte an, bremst kurz davor mit den Flügeln ab und schlüpft hinein, der große Greifvogel kann ihr nicht mehr folgen. Schon manchmal ist es vorgekommen, daß auf diese Weise eine Taube durchs offene Zimmerfenster Zuflucht in einer Wohnung suchte.

## Der Adler

Der Steinadler wird „König der Lüfte“ genannt und ist der Wappenvogel von Deutschland. Wenn er seine Flügel ausbreitet, hat er eine Spannweite von 2,30 m, wiegt aber nur 3 bis 5 kg.

Zeichnen Sie auf einen großen Papierbogen das Flugbild eines Adlers in Lebensgröße, das ist beeindruckend. Der Adler segelt oft stundenlang, läßt sich vom Aufwind immer höher tragen und zieht weite Kreise hoch oben am Himmel. Mit seinen „Adleraugen“ kann er sehr gut sehen und schon von weitem seine Beute erkennen.

Eine Besonderheit gibt es zu erzählen: Die Adler tragen wirklich ihre Jungen auf ihren Fittichen, das wurde mehrmals beobachtet: Der Adlerhorst ist an steilen Felswänden gebaut. Wenn ein Junges von dort aus seinen ersten Flugversuch wagt, kann es passieren, daß es vor Aufregung seine Flügel nicht richtig ausbreitet und in den Abgrund stürzt. Dann aber ist die Adlermutter zur Stelle, schießt mit einem Sturzflug heran, breitet ihre Flügel wie ein Sprungtuch aus, fängt ihr Junges auf ihren Flügeln auf und trägt es sicher wieder hoch zum Nest oder zum nächsten Baum.

# Alle Vögel sind schon da

Wollen die Kinder noch mehr von Vögeln wissen, wie sie aussehen, leben, wohnen und welche Besonderheiten sie haben? Es gibt noch so viel zu berichten, zum Beispiel vom kleinsten König der Welt, dem Zaunkönig, von der begabtesten Sängerin, der Nachtigall, oder vom Mauersegler, der neun Monate ohne anzuhalten fliegen kann, sogar im Schlaf. Es gibt wunderschöne Bilderbücher, interessante Foto- oder Bildbände, phantasievolle Märchen und spannende Erlebnisberichte von Vögeln. Wenn also das Interesse der Kinder geweckt ist, dann lohnt sich ein Besuch in der Bibliothek . .

## Lieblingsvögel

Nani mag die Amsel am liebsten, weil diese in der Morgen- und Abenddämmerung so wunderschöne Lieder singt. Uli findet den Dompfaff am schönsten, weil er ein prächtiges Federkleid hat. Niki mag die Schwalben gerne, weil sie schnell fliegen können und immer so lustig schwatzen, wenn sie zusammensitzen . . . Jedes Kind sucht sich seinen Lieblingsvogel aus, malt ihn auf Kartonpapier auf, schneidet ihn aus, klebt ihn auf eine Wäscheklammer, das sind die Füße, und klemmt ihn an den Vogelbaum.

## Der Vogelbaum

Der Vogelbaum steht mitten im Gruppenraum. Es ist ein großer Ast, der bis an die Zimmerdecke reicht. Wie er gebaut wird, steht auf Seite 109.
Der Baum bekommt auch viele grüne Blätter, die aus Tonpapier gerissen und an die Zweige angeklebt werden.

## Der Paradiesvogel

Eines Tages sitzt ein wunderschöner Paradiesvogel im Vogelbaum. Seine Federn sind mit glitzernden Perlen geschmückt, auf dem Kopf trägt er einen Federschopf aus goldenen Kronenfedern, sein Hals leuchtet in bunten Pailletten, seine Schwanzfedern sind prächtige, lange Federn, die bei jedem Luftzug wippen. Die Aufregung der Kinder ist groß! Wo kommt dieser Vogel her? Klar, daß Sie nicht verraten, daß Sie diesen Vogel gebastelt haben!
Auf Nachfragen der Kinder erzählen bzw. phantasieren Sie eine Geschichte von diesem Paradiesvogel ... woher er kommt, wie sein Nest aussieht, wieviele Eier in seinem Vogelnest liegen, wie seine Jungen ausschlüpfen, gefüttert werden, flügge werden und schließlich fortfliegen – und auf dem Vogelbaum im Kindergarten landen ...

Diesmal sind es die Kinder, die die jungen Paradiesvögel basteln. Sie bekommen besonderes Bastelmaterial wie Glitzerpapiere, bunte Federn, funkelnde Glasperlen oder Sternchen.

## Fortsetzung der Geschichte

Die Geschichte am Vogelbaum geht weiter:
Die neuen Paradiesvögel halten Vogelhochzeit, immer zwei Vögel setzen sich zusammen, bauen ein Vogelnest, legen Vogeleier hinein, brüten die Eier aus, die Jungen schlüpfen aus, werden gefüttert...

Während Sie mit den Kindern jeden Tag eine kleine Fortsetzung der Geschichte ausdenken, basteln die Kinder das, was in ihrer Vogelbaumgeschichte passiert:

- Sie flechten die Vogelnester aus Papier, Wolle und Gräsern ...
- sie formen aus Knete kleine, bunte Vogeleier ...
- sie basteln aus Papier Vogelküken und bekleben sie mit bunten Daunenfedern (Bastelgeschäft) ...
- sie lassen die kleinen Vögelchen flügge werden, als große, bunte Vögel wegfliegen und setzen sie an eine andere Stelle des Vogelbaumes ...

# Die ganze Vogelschar

Wie schön wäre es, wenn sich ein kleiner Vogel einfach auf den Finger setzen würde und sich streicheln ließe!

## Vögel sind scheu

Die Natur hat es anders eingerichtet:
Die Vögel sind nicht so zutraulich wie Hunde oder Katzen. Vögel sind scheu, fliegen auf und davon, sobald sich ihnen ein Mensch oder Tier nähert.
Doch wenn sich die Kinder im Garten still in eine Ecke setzen, dann haben sie die Chance, die Vögel längere Zeit zu beobachten. Vielleicht hüpft ein Vogel auch ganz nah heran!
Einfacher, aber lange nicht so aufregend ist es, sich hinter einer Fensterscheibe zu verstecken.

**TIP:** Lassen Sie die Kinder durch ein Fernglas schauen, dann können sie die Vögel ganz nah sehen.

## Das können die Kinder beobachten

*Wie Vögel fliegen*
Es gibt Vögel, die flattern mit schnellen Flügelschlägen, andere fliegen mit kräftigen, ruhigen Flugbewegungen, andere lassen sich vom Wind hochtragen und segeln mit weit ausgebreiteten Schwingen.

*Wie Vögel landen*
Die einen landen zielsicher auf einer Baumspitze, die anderen flattern oder rütteln über ihrem Landeplatz, bevor sie sich niederlassen, andere hüpfen ein- oder zweimal nach, wenn sie auf der Erde landen und ihre Flügel zusammenlegen, andere können direkt vor der Hauswand anhalten und sich sogar an der steilen Mauer festkrallen.

*Wie Vögel gehen*
Da hüpfen die einen mit beiden Beinen vorwärts, die anderen setzen ein Bein vor das andere, dort rennen sie mit schnellen Trippelschritten und nicken dabei mit dem Kopf, und andere schreiten langsam und bedächtig, schauen mal hierhin, mal dorthin.

*Wie Vögel fressen*

Die einen fangen im Flug mit ihren spitzen Schnäbeln Insekten und Käfer, andere fressen Körner und knacken mit ihren breiten, leicht gebogenen Schnäbeln die Körner auf, wieder andere haben starke, gebogene Schnäbel, mit denen sie ihre Nahrungsbrocken zerreißen, und andere können mit ihren breiten, flach abgerundeten Schnäbeln im Schlamm oder unter Wasser schaufeln.

*Wie Vögel singen*

Vögel zwitschern, pfeifen, trillern, flöten, schmettern, schnattern, gurren, piepsen, krächzen . . . und singen.

Es gibt Gesangskünstler, die laut ihr Lied mit vielen Strophen singen, andere bringen nur ein scheues, feines Piepsen hervor.

Meistens ist es das Vogelmännchen, das singt. Es möchte den anderen Vögeln seiner Art mitteilen, daß hier sein Revier und sein Nest ist. Dieser Gesang lockt die Weibchen an. Die Männchen aber halten sich fern, denn wenn sie sich in das Revier eines anderen Männchens wagen, werden sie mit Schnabelhieben und Flügelschlägen verjagt. Ein Vogelrevier reicht so weit, wie man den Gesang des Vogels hören kann.

Ganz andere Laute gibt ein Vogel bei Gefahr von sich: Mit zeterndem Geschrei wird ein Feind angekündigt, der sich am Boden heranschleicht, und mit hohen, durchdringenden Pfeiftönen wird vor einem Feind gewarnt, der aus der Luft herannaht.

**TIP:** Vogelstimmen kann man mit Vogelpfeifen nachahmen. Es gelingt sogar, Vögel damit heranzulocken. Diese Pfeifen kann man in Sport- bzw. Jagdgeschäften kaufen.

# Warum können Vögel fliegen?

Das interessiert die Kinder! Ein Vogel ist so leicht, daß ihn die Luft trägt. Ein Spatz wiegt etwa 30 g, das ist kaum mehr als ein Brief, eine Amsel wiegt 100 g, doch ein Straußvogel wiegt bis zu 80 kg. Er ist so schwer wie ein starker Mann und kann wirklich nicht mehr fliegen.

Ein Vogel hat in seinen Flügeln große Kraft, deshalb kann er sehr schnell und sehr lange fliegen, ohne eine Erholungspause zu machen. Der kleine Mauersegler zum Beispiel kann schneller fliegen, als die schnellsten Autos auf der Autobahn rasen können, genau gesagt etwa 300 Kilometer pro Stunde.

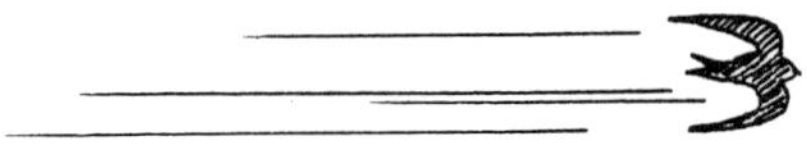

Die Enten dagegen fliegen nicht so schnell und müssen beim Fliegen kräftig mit ihren Schwingen schlagen. Man kann die Luftgeräusche sogar hören. Auch der kleine Spatz oder die etwas größere Amsel schlagen beim Fliegen ständig mit den Flügeln.

Vögel mit großen Flügeln und einer weiten Flügelspanne können lange Zeit in der Luft segeln, ohne einen einzigen Flügelschlag zu machen, zum Beispiel der Bussard oder die Möwe.

## Flügel zum Fliegen

Früher dachten die Menschen, wenn sie an ihre Arme Flügel binden würden, dann könnten sie sich wie die Vögel in der Luft bewegen. Deshalb bauten sie aus Federn und Stoff Flügel und versuchten, damit zu fliegen. Aber es ist keinem geglückt. Denn die Flügel der Vögel sind etwas ganz Besonderes, das kann niemand nachbauen.

Die Vogelflügel bestehen aus vielen kräftigen Federn, die dicht nebeneinanderliegen. Die langen Federn an den Flügeln heißen Schwungfedern. Damit fächern die Vögel Luft unter ihre Flügel, kommen dabei „in Schwung" und fliegen vorwärts.

Die Amsel bewegt ihre Flügel in einer Sekunde sechs Mal. Wer von den Kindern kann das mit den Armen nachmachen? Ausprobieren!

Mit den starken Schwanzfedern steuert der Vogel seine Flugrichtung und kann damit auch seinen Flug abbremsen. Dies können die Kinder bei einer Amsel oder Taube gut beobachten.

## Vogelfedern

Die Federn schützen den Vogel auch vor Regen und Kälte. Die Deckfedern sind wasserabstoßend. Das können die Kinder überprüfen, wenn sie eine Deckfeder unter fließendes Wasser halten – das Wasser perlt ab.
Die Daunenfedern sind unter den Deckfedern. Sie sind weich und halten schön warm. Wie kuschelig warm und weich Daunenfedern sind, das können die Kinder mit einem Daunenkissen testen.

## Federputz

Die Vögel müssen ihre Federn ständig putzen, pflegen und ordnen. Das machen sie mit ihrem Schnabel oder den Krallen. Wie eine Vogelfeder geglättet wird, können die Kinder selbst ausprobieren: Sie zerzausen eine große Vogelfeder und streichen sie dann wieder glatt.

## Flugbilder

So sieht man die Vögel am Himmel segeln:

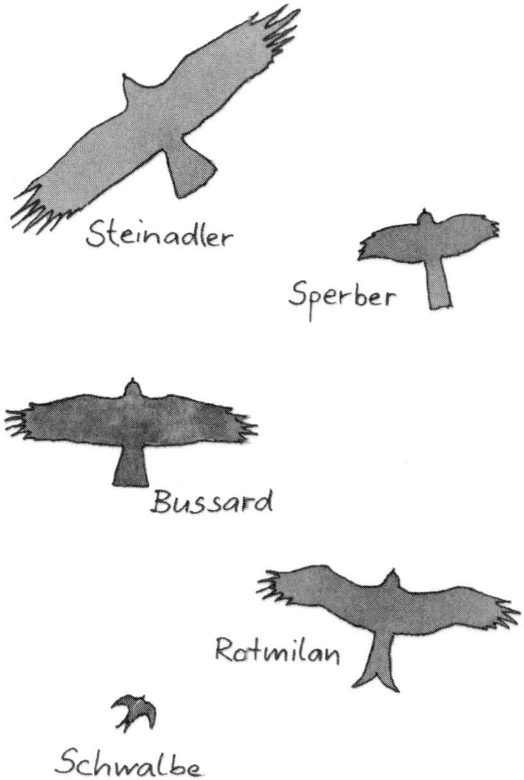

*Information für Schlaumeier:*
Der Flügel eines Vogels besteht aus Schwungfedern, die fächerartig übereinanderliegen. Eine Schwungfeder hat viele Strahlen, die miteinander verhakt sind.

# Vogelschutz im Kindergarten

Die natürlichen Lebensräume für die Vögel werden immer mehr eingeschränkt: Hecken und Büsche verschwinden, Wälder werden abgeholzt, Gärten bestehen meist nur aus abgemähtem Zierrasen, in Parks werden Pflanzen aus fremden Ländern angepflanzt, immer mehr Boden wird betoniert, immer mehr Wiesen verwandeln sich in Bauland . . .
Wo bleiben die Schlupfwinkel und Nischen für die Vögel, wo können sie ihre Nester bauen, wo finden sie genügend Insekten und Körner für sich und ihre Jungen? Hier können Sie mit den Kindern etwas tun!

## Natur im Kindergarten

Sie finden sicher eine Möglichkeit, mit den Kindern eine naturnahe Vogelschutzecke einzurichten.
Beispiele dazu:

*Wilde Natur*
Haben Sie im Kindergarten ein großes Gartengelände und könnten eine Ecke mit Wildblumen, Naturhecken und dichtem Gestrüpp einwildern lassen, ohne daß die Kinder auf einen wichtigen Spielraum verzichten müssen?

*Einheimische Pflanzen*
Schauen Sie die gepflanzten Hecken und Büsche entlang des Gartenzauns genauer an: Sind es einheimische Sträucher, mit Beeren und Früchten, die unsere Vögel fressen, zum Beispiel Weißdorn, Holunder oder Hundsrose? Oder sind es schöne, aber nutzlose Ziersträucher, von deren Früchten unsere Vögel nichts naschen, in die sie niemals ein Nest bauen, zum Beispiel Forsythien oder Flieder? Pflanzen Sie neue Büsche an.

**TIP:** Gute Tips geben Vogelschutzverbände oder Naturschutzvereine.

### Winterfütterung

Über den Nutzen der Winterfütterung gibt es unterschiedliche Standpunkte. Eines aber steht fest: Aufgrund der zunehmenden Landschaftszerstörung und Umweltvergiftung werden immer mehr natürliche und intakte Lebensräume für die Vögel zerstört. Aus diesem Grund ist es sinnvoll, die Vögel, die bei uns überwintern oder aus dem kälteren Norden in unsere Regionen ziehen, mit Futter über den Winter zu helfen.
Viele Vogelschutzverbände befürworten die Winterfütterung als Beitrag zur Arterhaltung unserer gefährdeten einheimischen Vögel.

### Was zu beachten ist

- regelmäßig füttern;
- Futter darf nicht naß oder feucht werden;
- verschiedenes Futter streuen, also Weichfutter und Körner;
- keine Brotkrumen streuen;
- kein gesalzenes Fett oder Futter;
- im Frühjahr mit Füttern aufhören, damit die Vögel ihre Jungen nicht mit Vogelfutter füttern; daran würden sie sterben.

### Vogelfutterfest

- Erdnüsse und Rosinen an einer Schnur aufreihen.
- Tannenzapfen in weiches Pflanzenfett eintauchen und in Vogelfutter wälzen.
- Ungesalzene Speckschwarten.
- Äpfel, Apfelschalen und Apfelbutzen an Schnurketten aufhängen.
- Kleine Blumentöpfe mit einem Futterbrei aus Rindertalg, Samen und Kernen füllen.
- Halbe Kokosnüsse.

Sammeln Sie mit den Kindern im Herbst Vogelfutter, lassen es trocknen und bewahren es in Tüten auf, bis der Winter da ist: Bucheckern, Beeren von Holunder, Weißdorn, Hagebutten, Schneebeere, Samen von Sonnenblumen, Hirse, Hanf, Hafer, Kürbis, Erle, Birke, Fichte, Kiefer, Kerne von Äpfeln und Birnen.

# Tanzende Schmetterlinge

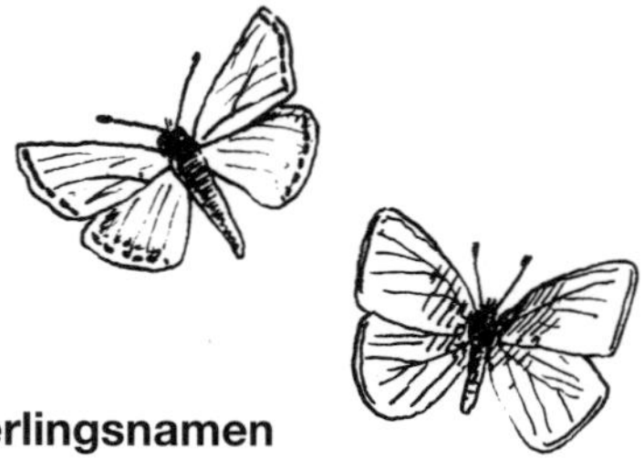

Wenn die kleinen Schmetterlinge in der Luft tanzen, dann wissen wir: Der Frühling ist da!
Setzt sich ein Schmetterling an die warme Hauswand, um sich zu sonnen, dann breitet er seine Flügel weit aus, und die Kinder können den bunten Tänzer ganz nahe betrachten. Aber aufgepaßt, daß kein Schatten auf ihn fällt, sonst flattert er wieder davon.

## Die Kinder beobachten

Der Schmetterling hat zwei große Vorderflügel, und zwei kleinere Hinterflügel. Die Flügel schillern bunt. Wenn der Schmetterling seine Flügel hochklappt, entdecken die Kinder, daß die Unterseite der Flügel anders aussieht.
Der Schmetterling kann mit seinen langen Fühlern tasten und riechen und mit einem Rüssel saugen. Den Rüssel kann er herausrollen und wie einen Trinkhalm in die Blüte stecken. Er trinkt Blütennektar. Die Flügel sind mit feinen Schuppen bedeckt, diese liegen übereinander wie Dachziegel eines Hausdaches. Man darf die Flügel nicht berühren, sonst bleiben die feinen Schuppen am Finger hängen.

## Schmetterlingsnamen

Die Namen der Schmetterlinge klingen wie Märchennamen – sie heißen:

Kleiner Fuchs
Kohlweißling
Admiral
Pfauenauge
Zitronenfalter
Schwalbenschwanz
Bläuling
Graubär
Postillion
Schachbrett
Ringelspinner
Rotes Ordensband
Kaisermantel

Zeigen Sie den Kindern Farbfotos von diesen schönen Schmetterlingen.

**TIP: Bildbände aus der Bibliothek ausleihen!**

### Schmetterlingsparadies

Wie sieht wohl ein Glitzerauge, ein Goldling oder Wellenfalter aus? Diese Namen hat sich Julia ausgedacht. Sie weiß auch genau, wie diese Schmetterlinge aussehen und wird sie gleich basteln. Das geht so: Ein farbiges Tonpapier in „schmetterlingsgroße" Stücke schneiden und in der Mitte falten. Mit Fingerfarbe in den Falz einen großen und einen kleinen Klecks setzen, die Papierhälften zusammendrücken und wieder aufklappen. Die

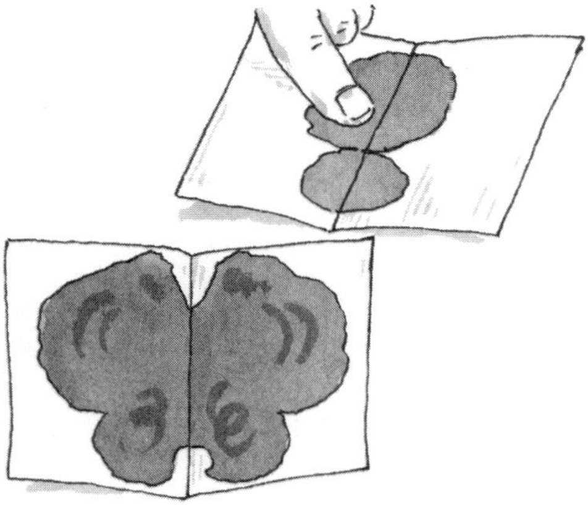

Schmetterlingsflügel sind jetzt deutlich zu sehen. Wenn die Farbe trocken ist, werden sie ausgeschnitten, mit Pailletten und Glitzerpapierstückchen beklebt, damit die Flügel richtig schimmern. Dann werden zwei gekräuselte Ringelbänder als Fühler aufgeklebt, und der fertige Schmetterling wird an einem dünnen Faden so aufgehängt, daß man die obere Seite der Flügel gut sehen kann.

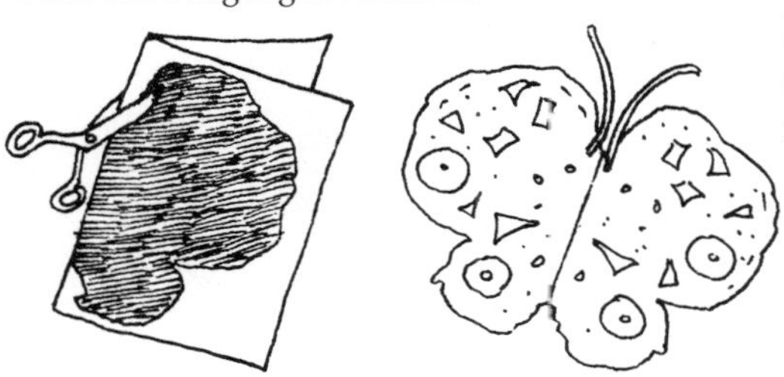

### Die Raupe Nimmersatt

Es ist für Kinder sehr aufregend, wenn sie die Verwandlung der Raupe in einen Schmetterling beobachten können (Metamorphose). Suchen Sie Anfang Juni Brennesseln nach dicken, schwarzen Raupen ab, es sind die Raupen des Pfauenauges. Tragen Sie zwei oder drei Raupen und einige Brennesselblätter in einem Einmachglas in den Kindergarten.

*Der Schmetterlings-Zuchtkasten*
Richten Sie mit den Kindern ein größeres Glasgefäß wie folgt ein:

- Auf den Boden ein Stück Zeitungspapier legen, das erleichtert die tägliche Reinigung;
- frische Brennesselpflanzen dazulegen, (mit Gummihandschuhen anfassen), auch sie müssen täglich erneuert werden;
- das Glas mit feinem Fliegendraht oder dünner Tüllgardine abdecken, damit die Raupen nicht herauskriechen können.

*Das können die Kinder beobachten:*
Die Raupen fressen den ganzen Tag, werden immer größer und verpuppen sich. Nach etwa einer Woche fällt die Raupenhaut ab, nach einer weiteren Woche schlüpft aus der Puppe der Falter aus. Am Tag vorher schimmern schon die bunten Flügel durch die Puppenhaut. Naturschützen heißt jetzt Den Schmetterling freilassen!

# Es summt und brummt in der Luft

Da gibt es die freche Fliege und die gefürchtete Stechmücke, die dicke Hummel und die fleißige Biene, den großen Maikäfer und den kleinen Marienkäfer, die schimmernde Libelle und den leuchtenden Goldkäfer . . .
Es gibt so viele Insektenarten, daß man sie kaum zählen kann. Es gibt große und kleine Insekten, mit langen und mit kurzen Fühlern, mit langen und mit kurzen Beinen, mit unscheinbar dunklen und mit auffällig schillernden Flügeln. Aber eines haben alle Insekten gemeinsam: Sie schlüpfen aus Eiern, sind zuerst kleine Larven mit Beißzangen am Kopf, sie verpuppen sich und schlüpfen dann als Insekten mit sechs Beinen und vier Flügeln aus.

Die Kinder müssen gar nicht weit gehen, um Insekten zu finden. Ein kleiner Rundgang im Garten genügt. Sobald die Sonne scheint, können sie auf Insektensuche gehen!
Erzählen Sie mehr von diesen interessanten, kleinen, geflügelten Krabbeltieren, zum Beispiel folgende kleine Geschichten:

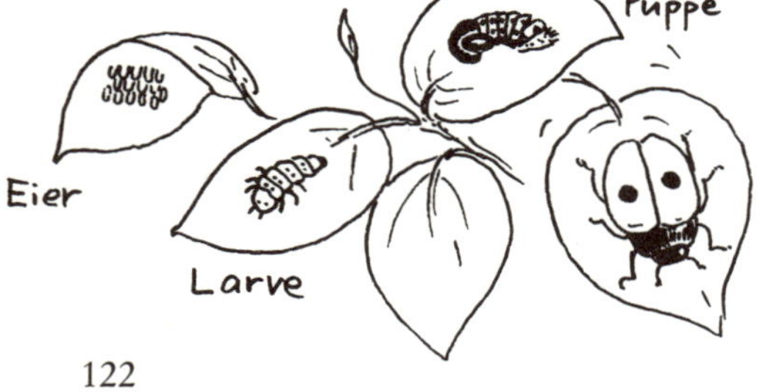


## Maikäfer-Geschichten

Das ist schon sonderbar: Da braucht der Maikäfer drei, in manchen Gegenden vier Jahre, bis er endlich als Käfer aus der Erde krabbeln kann, und dann dauert sein Maikäferleben nur etwa zwei Wochen. Doch in dieser kurzen Zeit gibt es für die Maikäfer viel zu tun: Zuerst fressen sie sich gründlich satt und knabbern viele Blättchen auf. Dann feiern sie Maikäfer-Hochzeit, und schon wird es höchste Zeit für das Weibchen, zu einer Löwenzahnwiese zu fliegen und dort die Eier in den Boden zu legen. Sie „weiß“, daß die ausgeschlüpften Engerlinge am liebsten Löwenzahnwurzeln fressen.
Wenn ein Maikäfer angeflogen kommt, dann brummt das laut und tief. Kein Wunder, denn der Maikäfer ist recht schwer, verglichen mit anderen kleinen Käfern. Deshalb kann er auch nicht so flink starten, sondern muß erst einmal Luft unter seine braunen Flügeldecken pumpen, bevor er losfliegen kann.

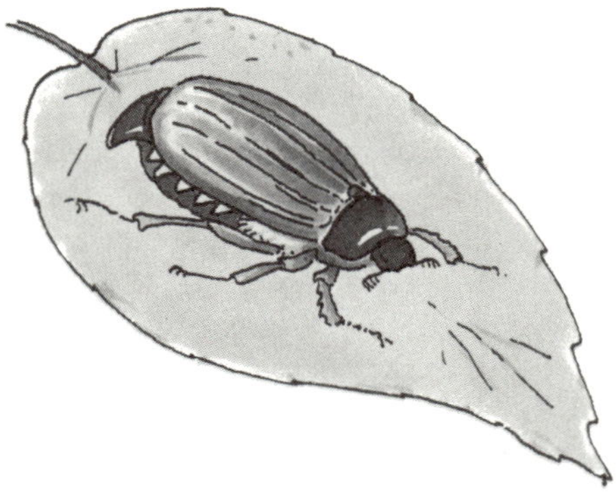

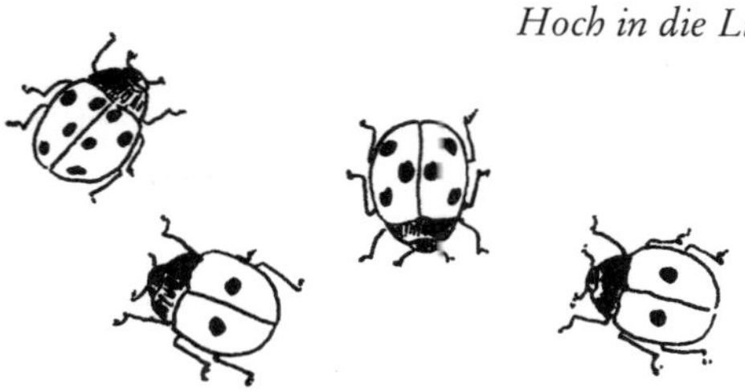

### Marienkäfer-Geschichten

Früher wurden die Marienkäfer als ein Geschenk der Heiligen Maria angesehen und hießen Muttergotteskäfer. Heute ist der Name Marienkäfer bekannter. Marienkäfer sind die Lieblingskäfer der Kinder, und begeistert bleiben sie stehen, wenn sie einen Marienkäfer entdecken. Sie halten ihre Hand auf und freuen sich, wenn der kleine Käfer auf einen Finger krabbelt, zur Fingerspitze eilt, ganz oben anhält, seine Flügel aufstellt und fortfliegt.
Auch die Bauern mögen die kleinen Marienkäfer gerne, weil diese, sogar schon als Larve, die Blattläuse vertilgen. Ein Käfer verspeist täglich etwa 50 Blattläuse.

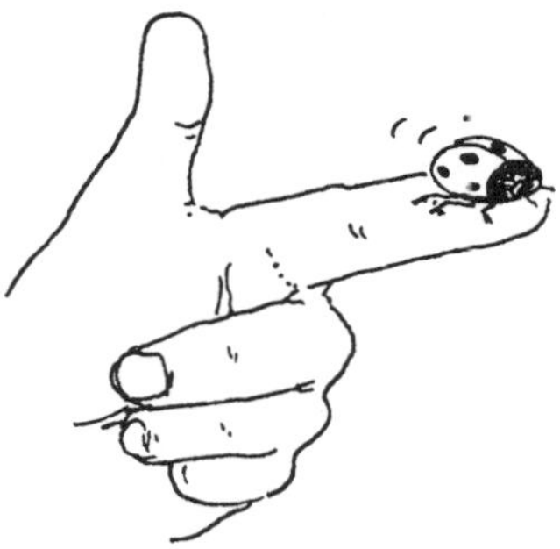

Ein Marienkäfer lebt etwa acht Wochen. Er kann sich mit einem Trick gegen seine Feinde schützen: Wenn er angegriffen wird, dreht er sich schnell auf den Rücken, legt die Beinchen an und stellt sich tot. Gleichzeitig sondert er eine stinkende, gelbe Flüssigkeit aus. Das erschreckt die Feinde, und sie lassen ihn liegen. Ist die Gefahr vorbei, dreht sich der kleine Käfer wieder um und rennt weg. Glück gehabt!

### Viel Glück

Marienkäfer sind Glückskäfer! Einen Brief voller Glückskäfer können die Kinder selbst basteln. Das geht so:

Man braucht eine rote Kerze, dünnen, schwarzen Filzstift und eine Postkarte, die aus Kartonpapier zugeschnitten wird. Dann geht es los:

- Große und kleine Wachstropfen verteilt auf die Karte tropfen lassen, das sind die Körper;
- mit schwarzem Filzstift sechs kleine Füßchen, Kopf und Fühler dazuzeichnen;
- auf den Wachstropfen Punkte mit dem Filzstift aufdrücken.

Wer will, kann seinen Marienkäfer auch auf eine gemalte Blume oder ein aus Papier ausgeschnittenes Kleeblatt setzen.

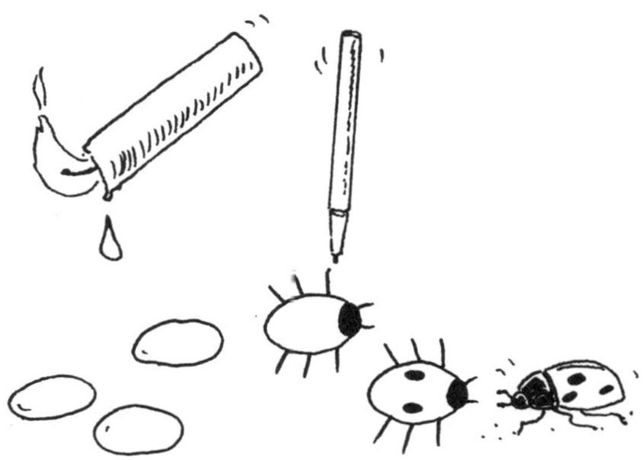

# Mit dem Flugzeug fliegen

Ein großer Traum der Menschen ist mit Hilfe der Technik wahr geworden: Wir können fliegen mit einem Flugzeug! So ein Flugzeug hat wie ein Vogel Flügel, sie heißen Tragflächen. Diese können nicht auf- und abbewegt werden, sondern haben bewegliche Klappen, das sind die Querruder, die zum Starten, Landen und Bremsen jeweils anders eingestellt werden. Das Flugzeug hat zusätzlich hinten ein Höhen- und Seitenleitwerk, mit ihnen und den Querrudern steuert der Pilot das Flugzeug.

**Der größte Silbervogel**

Das größte Flugzeug heißt Jumbo-Jet, es ist eine Boeing 747. In diesem Flugzeug können 500 Leute mitfliegen. Immer 10 Personen sitzen in einer Reihe nebeneinander. Das Flugzeug ist etwa 70 m lang, und die Tragflächen haben eine Spannweite von etwa 60 m. Ein Jumbo-Jet ist wirklich ein Riesenvogel!

**Die Luft trägt**

Die Luft trägt die Samen der Pflanzen, sie trägt die Vögel und Insekten, und sie kann ein großes Flugzeug tragen. Dazu folgende Versuche:

*Das fliegende Papier*
Die Kinder halten einen Streifen Papier an das Kinn und blasen über das Papier hinweg: Das Papier kommt nach oben.

*Die Tragfläche hebt ab*
Ein Papier in der Mitte falten, die obere Hälfte 2 cm zurückschieben, so daß sich das Papier nach oben wölbt, mit Klebeband festkleben, einen Bleistift in den Falz legen und kräftig blasen: Das Papier wird nach oben gehoben und sieht jetzt wie die Tragfläche eines Flugzeugs aus. Und so fliegt auch das Flugzeug. Die Motoren oder Turbinen treiben das Flugzeug nach vorn. Mit großer Geschwindigkeit strömt die Luft um die Tragflächen, erzeugt einen Auftrieb – und das Flugzeug wird von der Luft gehoben.

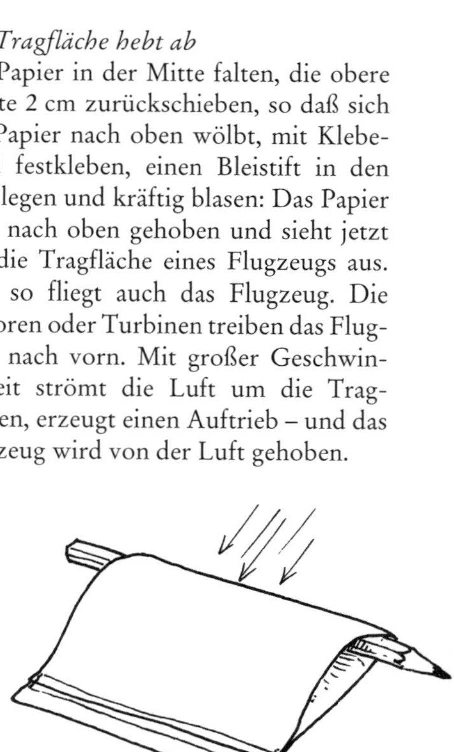

*Für Schlaumeier erklärt:*
Der Luftweg über die Oberseite des Tragflügels ist länger als der Luftweg auf der Unterseite, folglich muß die Luft oben schneller fließen, um zur gleichen Zeit hinten am Tragflügel anzukommen, dadurch wird der Luftdruck oben geringer als unten, so entsteht der Auftrieb.

## Luftschiff

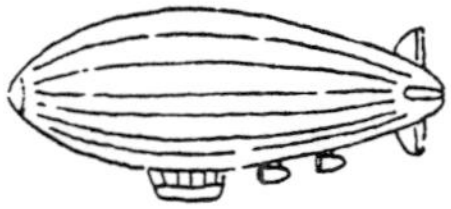

Das Luftschiff ist mit einem leichten Gas gefüllt, es bewegt sich mit Luftschrauben vorwärts, die von Motoren angetrieben werden.
So wird es gebastelt: Von einem bunten Origamipapier wird ein 2 cm breiter Streifen abgeschnitten, die Enden gegengleich bis zur Mitte eingeschnitten, die Schlitze ineinandergesteckt, fertig!
Wenn die kleine Papierschlaufe fällt, wirbelt sie im Kreis und sieht wie ein richtiges kleines Luftschiff aus. Ausprobieren.

*So fliegt das Luftschiff:*
Die Papierschlaufe hochhalten und loslassen!

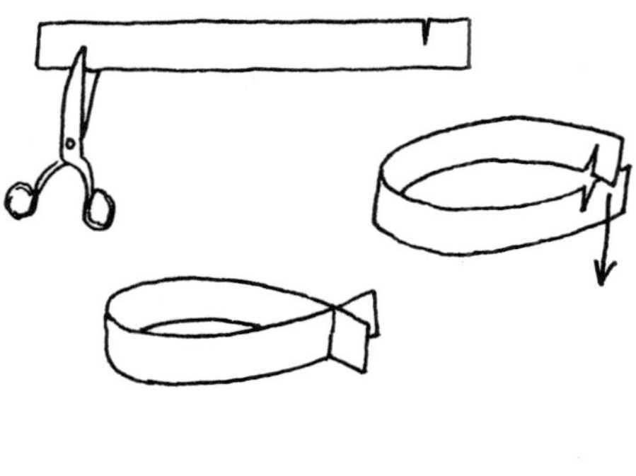

## Papierpropeller

Man schneidet von einem Origamipapier einen etwa 3 cm breiten Streifen ab und schneidet und faltet diesen so, wie es hier gezeigt wird:
Schlitze einschneiden, den Steg falten und umknicken, die Propeller auseinanderfalten – fertig!

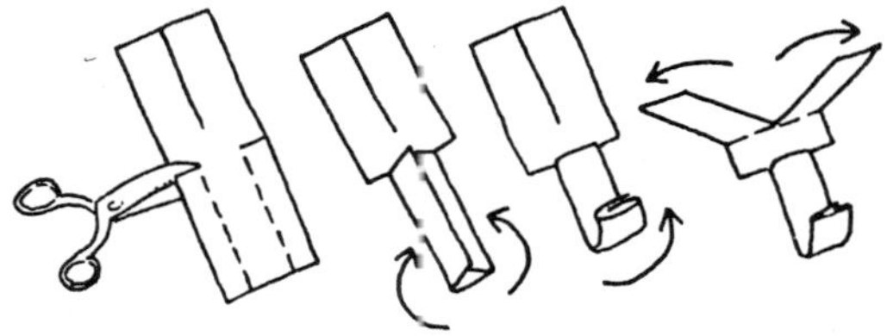

*So fliegt der Propeller:*
Papierpropeller hochhalten und loslassen!

# Papierflieger

Es gibt viele Modelle für Papierflieger, sogar ernstzunehmende Flug-Wettbewerbe, bei denen es darum geht, welches Flugzeug am längsten in der Luft fliegt. Vielleicht haben Sie Lust, einmal zu einem Papierflieger-Flugtag im Kindergarten einzuladen?
Auf dieser Seite werden ganz einfache Flugmodelle gezeigt. Sie können von den kleinen Flugzeugtechnikern selbst gebaut werden und funktionieren bestens!

**Fliegender Teppich**

1. Schreibpapier der Länge nach falten und wieder öffnen;
2. beide Seiten bis zum Mittelfalz falten, wieder öffnen;
3. Querfalte knicken, wieder öffnen;
4. untere Seite bis zu diesem Mittelfalz falten, noch einmal zur Mitte falten, das Papier wieder öffnen;
5. von unten her viermal falten;
6. Teppich gleichmäßig rund wölben.

*So fliegt der Teppich:*
Mit beiden Händen festhalten und mit leichtem Schub gleiten lassen.

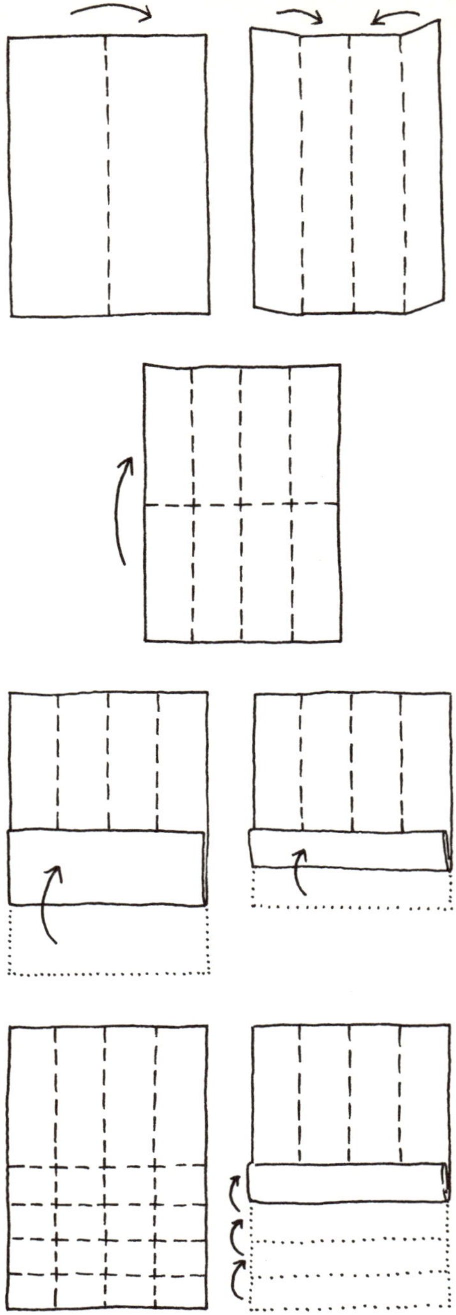

### Fliegender Pfeil

1. Schreibpapier längs falten, wieder öffnen;
2. zwei Ecken bis zum Mittelfalz umknicken;
3. Seiten noch einmal bis zur Mitte falten;
4. Seiten ein drittes Mal zur Mitte falten;
5. Pfeil umdrehen, Tragflächen hochstellen, mit Klebeband zusammenhalten.

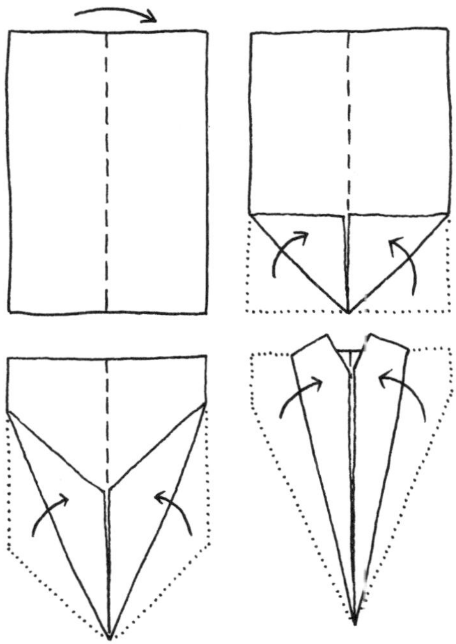

*So fliegt der Pfeil:*
Unten festhalten und mit Schwung geradeaus werfen!

### Fliegende Ringe

1. Zwei Papierstreifen nach den angegebenen Maßen zuschneiden;
2. Streifen zum Ring schließen und mit Klebeband innen und außen festkleben;
3. Trinkhalm am Knick abschneiden;
4. in die beiden Ringe stecken und festkleben.

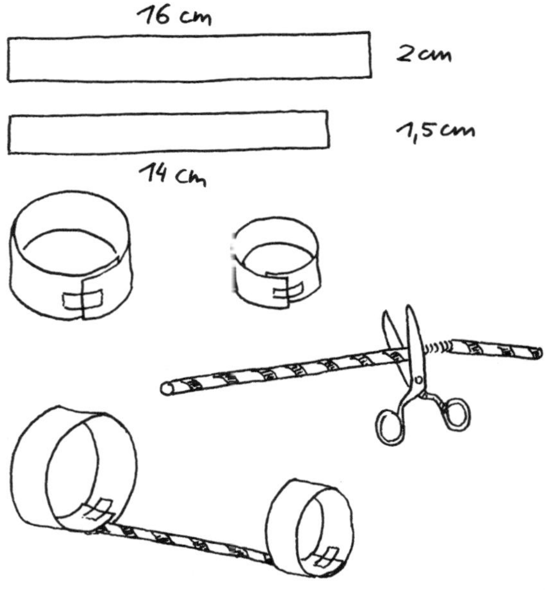


*So fliegen die Ringe:*
Mit leichtem Schub geradeaus starten lassen!